EASY GERMAN CROSSWORD PUZZLES

SUZANNE EHRLICH

New York Chicago San Francisco Lisbon London Madrid Mexico City
Milan New Delhi San Juan Seoul Singapore Sydney Toronto

ISBN-13: 978-0-8442-2508-1
ISBN-10:   0-8442-2508-8

McGraw-Hill books are available at special quantity discounts to use as premiums and sales promotions, or for use in corporate training programs. For more information, please write to the Director of Special Sales, Professional Publishing, McGraw-Hill, Two Penn Plaza, New York, NY 10121-2298. Or contact your local bookstore.

This book is printed on acid-free paper.

INTRODUCTION

Crossword puzzles offer two features that are valuable to those who are learning a foreign language: they are instructive as well as being fun. *Easy German Crossword Puzzles* covers a wide variety of topics that will test your knowledge both of the German language and of German culture—perhaps revealing some knowledge you never knew you had.

The 24 crossword puzzles in this collection are arranged in order of increasing difficulty. However, none is so difficult as to discourage learners of German at any level. Each puzzle focuses on a particular topic—school, family, clothes, geography, and so on—and includes words, expressions, and information suitable to that topic. As you work through them, you will find that these puzzles help you review and even expand your knowldege of the language and civilization of Germany.

Four appendices have also been included at the back of this book: German names, famous Germans in history and culture, German abbreviations, and a list of holidays. Here, those using the book will find information that they need to complete the puzzles and that they may not know how to find elsewhere.

The puzzles in *Easy German Crossword Puzzles* are challenging, amusing, and thought-provoking. After you have completed a few, you may be pleasantly surprised by the amount of German you know and by the many ways you are able to use it! And remember, if you should have any difficulty with a puzzle clue, complete solutions are provided for you in the Answer Key.

Inhalt

Rätsel

1. Vornamen

Senkrecht:

1. Kosename von Karola oder Karoline.
2. Abkürzung von „Abteilung".
3. Das Gegenteil von „nein".
4. Personenname: _____ von Bismarck, Kanzler Wilhelms I.
5. (Henry, Harry)
6. Kosename von Nelly.
7. (Tony)
8. Personenname: _____ Rommel, deutscher Feldherr im II. Weltkrieg.
9. Seine Stimme ist _____.
10. Kurzform von Karola.

Waagerecht:

3. (Joan, Jane)
8. Kosename von Helena oder Leonore.
11. Man schreibt es auch Beata.
12. Kosename von Eleonore oder Leonora.
13. Die deutsche Fahne ist schwarz, _____ und gold.
14. Märchenname: _____ Eulenspiegel.
15. Anfangsbuchstaben: Präsident des Staatsrates der DDR, 1960–71; baute die Mauer zwischen Ost- und Westberlin (1961).

Senkrecht:

16. Kosename von Elisabeth.
19. Kosename von Isabella.
20. Kosename von Elisabeth.
21. Weibliche Form von Gerd.
23. Namenabkürzung der Partei der ersten drei deutschen Kanzler seit dem II. Weltkrieg.
25. Wie heisst _____?
26. (Lawrence, Larry)
27. „Charlemagne" heisst auf deutsch „_____ der Grosse".
29. Männlicher Vorname. Auch Familienname von einem berühmten Filmstar, Marlene _____.
30. Märchennamen: Hänsel und _____.
31. Personennamen: Vornamen von einem berühmten Komponist, _____Wagner.
32. Kurzform von Alexander.
34. Verbformen: bitten, _____, gebeten.
35. Anfangsbuchstaben: Der Präsident der Vereinigten Staaten nach Lyndon Johnson.
36. Kosename von Mathilde.
39. Anfangsbuchstaben: Seine berühmten Werke sind die Schauspiele „Wilhelm Tell", „Maria Stuart" und „Wallenstein".
40. Erste Silbe der folgenden Jungennamen: _____ard, _____art , _____bert.
42. Kosename von Leopold.
43. Die Namen der ersten zwei Menschen im Paradies waren Adam und _____.
46. Anfangsbuchstaben: Er komponierte die berühmte Oper „ Don Giovanni".

Waagerecht:

16. Kosename von Leonhard.
17. Märchennamen: Max und _____.
18. Kurzform von Elise.
22. jetzt
24. Held in dem Nibelungenlied.
26. Erste Silbe eines Jungennamens: _____wig.
27. Anfangsbuchstaben: Erster Kanzler der Bundesrepublik nach dem II. Weltkrieg.
28. Kosename von Rudolf.
30. (Gerald, Gerard)
33. Der Kosename davon ist Bert.
37. Kosename von Liese.
38. Kosename von Anna.
39. Kurzform von Friedrich.
40. Kosename von Eduard oder Edmund.
41. Kurzform von Albrecht oder Albert.
43. Spitzname von Elisabeth.
44. Anfangsbuchstaben: Er erfand den Dieselmotor.
45. Kurzform von Leonore.
47. Anfangsbuchstaben: Kanzler der Bundesrepublik 1966−1969.
48. Kosename von Dorothea.
49. Name eines deutschen Schriftstellers, _____ Mann.

2. Farben

Senkrecht:

1. Buntstifte sind _____.
2. Anfangsbuchstaben: Forscher der modernen Astronomie; er erfand die Bewegungsgesetze der Planeten.
3. Die Sonne ist _____.
4. Purpur ist _____ schön.
5. Eine Orange ist _____.
8. Das Fahr _____ ist schwarz.
9. Eine Rose ist oft _____.
11. Wir _____ in der Kunststunde.
12. Meine Lieblings_____ ist lila.
15. alter Gruss.
16. Die Farben _____ Weihnachtzeit sind rot und grün.
20. Die Wolke kann weiss oder _____ sein.
21. Arthur, _____ die Farben für die Prüfung morgen!
22. Fragen Sie ihn, _____ sein Kuli gestreift ist!
23. _____, das ist eine schöne Farbe.

Waagerecht:

2. Anfagsbuchstaben: Mit seinem Bruder Wilhelm sammelte er Märchen für „Kinder- und Hausmärchen".
4. Ihre Haare sind _____ blond von der Sonne.
6. Die Farbe einer Schnecke ist ___braun___.
7. Stelle
9. Ich habe _____ Tinte in meinem Feder.
10. Ich habe eine Tasche aus _____ Leder.
13. Das Gemälde _____ der Wand ist sehr modern.
14. Ich habe eine _____ -weisse Katze.
17. Ist ihr Kleid _____- oder dunkelblau?
18. _____ kann irgendeine Farbe sein.
19. Gold und _____ sind Farben und Metalle.
20. Das Blatt ist _____.
23. Dieser Stoff ist _____ der Farbe jenes Stoffes, nicht wahr?
24. Die Farbe auf meinem Pinsel ist _____.

3. Kleider

Senkrecht:

2. Abkürzung von „Aktiengesell-schaft".
3. Ein kleiner Hut ist eine _____.
4. _____ kauft neue Lederpantoffel.
5. Ein Mädchen trägt einen Rock und eine _____.
6. Die bayrische Tracht nennt man ein _____.
8. Jeden _____ trägt er seinen grünen Pullover.
9. Das Mädchen trägt ein schönes _____ zum Tanz.
10. Das Mädchen trägt eine grosse _____ am Arm.
14. Mädchen tragen oft _____schuhe in der Stadt.
16. Karl braucht eine _____ für die Augen.
18. Junge Mädchen tragen _____ und Damen tragen Strümpfe.
20. Mini-_____ sind sehr modisch.
21. Anfangsbuchstaben: Hersteller des „Porsche" Wagens; er konstruierte den Volkswagen auf Hitlers Befehl.
23. _____ trägt eine schöne deutsche Tracht.

Waagerecht:

1. Der Herr und die _____ tragen heute ähnliche Kleider.
5. Jungen tragen _____hosen in dem Schwimmbad.
7. Männer und Frauen tragen Hosen mit _____.
11. Ich trage immer eine Armband_____.
12. Mein Vater trägt einen _____ bei der Arbeit.
13. Ich kann meine Jacke _____ finden.
14. Der Junge trägt Hosen und ein _____.
15. Anfangsbuchstaben: Er und Gottlieb Daimler stellten den „MercedesBenz" Wagen her.
17. Ihr _____ hat einen Diamant.
19. _____ trägt Lederhosen auf dem Spaziergang.
21. Sie ist _____ über ihre neue Kette.
22. Ein anderes Wort für „Krawatte" ist „_____".
24. Im 1. _____, 3. Auftritt, trage ich das schönste Kostüm.
25. Ich habe immer ein Taschentuch _____ mir.
26. Während des _____ trage ich einen Regenmantel.

7

4. Körperteile

Senkrecht:

1. Sankt Nikolaus hat einen langen weissen _____.
2. _____ ist die Taille am Rumpf?
4. Ich küsse mit den _____.
5. Meine Mutter kann nichts mit dem linken _____ hören.
6. Ich rieche mit der _____.
9. Hier werde ich _____.
10. Das _____ ist unter dem Mund.
11. Leute haben im Sommer Sonnen_____ im Gesicht.
14. Das _____ ist vorn am Kopf.
16. Ein _____ ist kein Teil des Körpers, sondern kommt aus der Henne.
19. Das _____ ist oben auf dem Kopf.
20. _____ Tatzen sind die Füsse eines Tiers.
22. Man trägt einen Rucksack auf dem _____.
24. Die Deutschen haben oft rote _____ im Gesicht.
25. ein schlechter Traum
27. Ein Schnurrbart sieht _____ aus.
29. Ein anderes Wort für Backe ist _____.
31. Die _____ haben zusammen zehn Zehen.
32. Der Hals ist _____ den Schultern.
35. Wir waschen _____ die Hände.
36. dort
37. Der Adamsapfel ist _____ dem Hals.
38. Anfangsbuchstaben: Er erfand die X-Strahlen, auch „Röntgenstrahlen" genannt.

Waagerecht:

1. Abkürzung von „bitte wenden".
3. Der _____ ist in der Mitte des Armes.
7. Anfangsbuchstaben: Er baute eine Autofabrik; das Auto „Opel" ist nach ihm genannt.
8. Der _____ ist sehr lang.
10. Der _____ besteht aus dem Rumpf und den Gliedern.
12. Abkürzung von dem Lateinisch „post scriptus". Man schreibt es am Ende eines Briefes. Auch eine Abkürzung von „Pferdestärke".
13. Ein _____ des Fingers ist der Fingernagel.
15. Lotte, _____ schnell zu Fuss!
17. Jenes Mädchen hat lange schöne _____.
18. _____ Kopf ist besser als zwei.
19. Die _____ hat fünf Finger.
21. Die _____ ist über den Augenbrauen.
23. Die Knochen sind _____ Körper.
25. Sie hat eine hässliche Warze _____ der Nase.
26. Ein Zyklope hat nur ein _____.
28. Mein Onkel hat einen grossen Bier_____.
30. Mein Hut sitzt auf dem _____.
32. Eine Katze hat Krallen _____ den Tatzen.
33. Die _____ sind in der Mitte der Beine.
34. Die lange Zunge ist in dem _____.
39. Ich wäre lieber dünn _____ dick.
40. Ich zeige mit dem _____.
41. In der _____ liegt die Lunge.

9

5. Das Wetter

Senkrecht:

1. Abkürzung von „Seite".
3. Es geht _____ schlecht im kalten Wetter.
4. Wie geht es _____, Käthe?
5. Jene grosse schwarze _____ dort oben sieht schrecklich aus.
6. Anfangsbuchstaben: Philosoph gegen das Christentum and für den „Übermenschen".
7. Das Wetter ist _____ im Frühling.
8. Der _____ ist sehr laut.
10. Der _____ oben ist kühler als der Rest des Hauses.
11. Das Wetter ist _____ im Winter.
14. Die Wetterkarte ist kaum _____bar.
16. Die Temperatur ist _____ heiss, 35 Zentigrad.
18. Wenn das Wetter schön ist, ist der _____ blau.
22. Es schneit viel im _____.
23. _____ geht die Sonne hinter eine Wolke.
25. Das _____ Südamerikas ist wärmer als das Europas.
29. Im Frühling _____ es oft und die Fensterscheibe brechen.
30. Das Wetter ist so _____ heute.
31. Der _____fisch tötet Menschen in der See.
32. Im Frühling hat _____ Angst vor einer Flut.
34. Danke, es geht _____ gut.
35. _____ mal, warum ist es heute so windig?
36. Das Wort „nein" in einem Dialekt. Es reimt mit dem Wort „See".

Waagerecht:

2. Der _____ ist sehr stark.
6. Anfangsbuchstaben: Ein Dramatiker und Dichter; berühmte Werke sind „Maria Magdalena" und „Agnes Bernauer".
9. Die _____ macht den Tag warm.
10. Der _____ ist die beste Jahreszeit.
12. Hänschen, ziehe deinen Regenmantel und Gummischuhe _____!
13. Das Wetter ist schön und die Luft ist _____.
15. Der Frost malt Blumen _____ Fenster.
17. Der _____ ist tief und weiss.
19. _____ ist ein Jungenname und bedeutet „Löwe" auf lateinisch.
20. Ich fahre gern _____ im Winter.
21. Es ist zu _____ für eine Jacke heute.
24. _____ Bruder hat heisses Wetter am liebsten.
25. Es ist zu _____ für mich im Winter.
26. Der Donner kommt nach dem _____.
27. Wasser wird im Winter zu _____.
28. Abkürzung von „das heisst".
30. Ich trage einen _____ wenn es regnet.
33. Der Nebel ist _____ und ich kann nichts sehen.
35. Die Sterne _____ am Himmel im schönen Wetter.
37. „Es giesst" bedeutet, dass der _____ sehr stark ist.
38. Das Wetter ist kühl im _____.

6. Die Familie

Senkrecht:

2. Guten Tag, meine Damen und _____.
4. Die _____ Familie hat kein Geld.
5. Ich nenne meine _____ „Mutti".
6. Mein Neffe ist _____ sechs Monate alt.

Waagerecht:

1. Anfangsbuchstaben: Dichter und politischer Kritiker; berühmte Werke sind „Das Loreleilied" und „Du bist wie eine Blume".
3. Wir nennen die Grossmutter „_____" und den Grossvater „Opa".

Senkrecht:

7. _____ meine Verwandten sind katholisch.
8. Das kleine _____ ist so scheu.
10. Axel, _____ mir wie deine Schwägerin heisst!
11. Meine _____ verstehen meine Probleme nicht.
12. _____ heiraten gern.
15. Meine Schwester benimmt sich wie eine dumme _____.
17. Der Mann meiner Schwester ist mein _____.
18. Mein _____ und ich gehen fischen.
19. Ich liebe _____ Schwester.
20. Meine _____ sind die Töchter meiner Schwestern.
22. Meine Urgrossmutter ist _____ aber noch gesund.
23. Mein _____ ist der Sohn meiner Schwester.
26. Wir sind nicht _____ aber wir führen ein frohes Leben.
30. Anfangsbuchstaben: Er machte Porträte, Gemälde, Holzschnitte und Gravuren.
32. _____, unser Grossvater wohnt bei uns.
33. _____ ist mein bester Freund.

Waagerecht:

5. Ein _____ ist meistens stärker als seine Frau.
7. _____ fünften Juni besuche ich meinen Paten, Ernst.
9. Die Mutter meiner Mutter ist meine _____.
12. Ein Picknick mit Verwandten ist _____, sagt meine Mutter, aber nicht ich.
13. Der Sohn meiner Tante ist mein _____.
14. Er ist mein Grossvater und ich bin sein _____.
16. Ich bin stolz _____ meine Familie.
17. Ihr Baby ist _____ niedlich.
19. Ich bin der einzige _____ meines Vaters.
21. Meine Mutter hat viele Schwestern, deswegen habe ich viele _____.
24. Mein Bruder ist immer _____ zu mir.
25. Bruder und _____ sind Geschwister.
27. Hans arbeitet _____ seinen Vater.
28. Das ist mein Stiefvater. _____ ist sehr streng.
29. Guten _____!
31. Die Tochter meiner Tante ist meine _____.
32. _____ hat seine Fehler.
33. Abkürzung von „evangelisch".
34. Dein _____ zu kommen ist eine gute Idee.
35. Jenes Mädchen da drüben ist die _____ meiner Lehrerin.

7. Zahlen

Senkrecht:

1. „_____" bedeutet „ten" auf englisch.
2. Zehn mal zwei ist _____.
3. Anfansgbuchstaben: Kanzler der BRD 1963−1966.
4. Sechs und eins macht _____.
5. Drei minus _____ ist Null.
6. Heidi, _____ von eins bis vierzig, bitte!
8. Geometrie ist _____ schwer für mich.
9. Das Gegenteil von „hier" ist „_____".
11. Wieviel kostet _____?
12. Ein amerikanischer „Dollar" ist _____ „Cent" wert.
16. Eine _____ ist 1/60 (ein Sechzigstel) einer Minute.
18. Ein „Foot" ist 30,5 Zentimeter _____.
20. Es _____ 20,50 DM (zwanzig Mark, fünfzig Pfennig).
22. 11.000 (_____ tausend)
23. Anfangsbuchstaben: Er spielte Klavier; komponierte Symphonien, Kammermusik, Lieder, Konzerte.
25. Gerhard, gib mir _____ Hälfte von dem Papier!
26. _____ geteilt durch zwei ist vier.
28. Mathematik ist nicht _____ schwer.

Waagerecht:

2. Lesen Sie auf Seite achtzig, Zeile _____!
6. _____ mal fünfunddreissig ist siebzig.
7. Das Kind ist nur _____ Jahre alt, noch nicht fünf.
8. Ich vergesse eine _____ in ihrer Telefonnummer.
10. _____ geteilt durch drei ist drei.
12. Der Zahl $1\frac{1}{2}$ nennt man „andert-_____".
13. Anfangsbuchstaben: Er komponierte Symphonien, Kammermusik und Sonaten; er wurde taub.
14. Abkürzung von „zum Beispiel".
15. _____ wohnt Gartenstrasse 345 (dreihundertfünfundvierzig).
17. Sechzehn _____ siebzehn macht dreiunddreissig.
19. Er hat _____ Geld; er ist arm.
21. Das Wort für „nein" in dem bayrischen Dialekt. Es reimt mit „da".
24. Ich habe am 21. (einundzwanzigsten) Juni _____.
27. Siebzig minus fünfundsechzig ist _____.
28. _____ Millionen Menschen wohnen in Niedersachsen.
29. _____ ist vier und sechs?
30. Goethe ist seit 1832 (achtzehn-hundertzweiunddreissig) _____.

15

8. Die Uhr und der Tag

Senkrecht:

1. Anfangsbuchstaben: Kanzler der Bundesrepublik 1969 bis 1974.
2. Um Viertel _____ elf gehe ich zu Bett.
3. Jetzt ist _____ zu früh, ins Bett zu gehen.
4. Ich war _____ ganzen Tag so traurig.
6. Können wir unsre Schall_____ spielen?
7. Der _____ ist 24 Stunden lang.
8. Ich hatte _____ so viel Arbeit.

Waagerecht:

1. _____ Uhr ist es?
4. Abkürzung von „der Jüngere".
5. Wie _____ ist es?
8. Ich habe acht Jahre in Deutschland _____ wohnt.
9. Bald wird das Wetter _____.
11. Wir haben _____ Zeit, bevor der Film anfängt.
16. Ich habe _____ mehr Arbeit als gestern.
17. Der Tag vor gestern nennt man „_____".
19. Bitte, Friede, _____ nicht spät morgen!

16

Senkrecht:

10. Heute _____ habe ich viel zu tun.
12. _____ Freund bleibt schon seit mittag hier.
13. Wir brauchen _____ Zeit nach Hause zu gehen.
14. Ich schlafe von Mitternacht _____ halb acht.
15. Eine _____ ist weniger Zeit als eine Minute.
17. Eine _____stunde ist fünfzehn Minuten.
18. _____ lange bist du schon hier?
23. Die _____ sind hell im Sommer.
24. Manfred, hast du genug _____ dazu?
25. Der Mond ist hell heute _____.
26. Zwei Millionen Jahre ist _____alt.
29. Ich stehe _____ halb acht auf.
30. _____ von Uhren sind die „Kuckucksuhr" und die „Taschenuhr".
33. mild
35. Samstags stehe ich um _____ Uhr auf.
37. Das Glockenspiel in München _____ sehr bekannt.
38. Was ist _____ mit unsrer Weckuhr?
41. _____ Anfang des Tages bin ich sehr müde.
42. Jakob, _____antworte die Frage, bitte!

Waagerecht:

20. Wir müssen auf ihn warten, _____ wir gehen.
21. Die _____ ist ein Gerät mit 12 Zahlen und 2 Uhrzeigern.
22. Meine Schwester spricht eine _____ Stunde am Telephon.
25. Es ist _____ fünf Minuten nach acht, nicht später.
27. jetzt.
28. Dasselbe Wort wie Nummer 27 im Rätsel.
31. Das Uhrglas ist eine _____ Uhr.
32. Andere _____ war sie pünktlich.
34. Uhrmacher wohnen _____ dem Schwarzwald.
36. Eine Reise zum Mond dauert _____ Stunden.
39. Eine _____ ist sechzig Sekunden lang.
40. Um _____ neun fängt unsre deutsche Stunde an
43. Es ist _____lich Zeit zu gehen.
44. Anfangsbuchstaben: Romanschriftsteller; er schrieb „Buddenbrooks".
45. 10 mal 10 macht hund_____.
46. Ich warte schon seit einer halben _____ auf Jürg.
47. Es ist _____gefähr 13 Uhr oder ein Uhr Nachmittag.

9. Der Kalender

Senkrecht:

1. Am sechsten _____ ist das Fest der Heiligen Drei Könige.
2. _____ Lieblingsmonat ist Dezember.
3. Heute ist der zwei_____ September.
4. Die _____ hat sieben Tage.
5. Abkürzung von „siehe oben".
6. eine grosse Eule
7. Am 1. (ersten) _____ tanzen wir um den Maibaum.
8. Ich sehe den _____ eines Hundes im Schnee.
11. Im _____ kann man die Festspiele in den alten südlichen Städten sehen.

Waagerecht:

2. Der Tag in der Mitte der Woche ist _____.
5. Durch Regen und _____ bleibt er noch da.
8. Er ist _____ lustig am Silvesterabend.
9. Das Gegenteil von „ja" ist „_____".
10. Vier plus vier ist _____.
11. Im _____ ist Pfingsten.
14. Das Wetter im Winter ist _____ kalt für mich.
15. Anfangsbuchstaben: Eine Jüdin; ihr Tagebuch ist sehr bekannt.
16. Das Erntedankfest ist im _____.

Senkrecht:

12. Im Frühling ist das Gras _____ und grün.
13. Ein anderes Wort für Samstag ist _____.
14. Herbst ist eine Jahres_____.
17. Ostersonntag ist am 26. _____ dieses Jahr.
19. Ich bin _____ 2. (zweiten) November geboren.
20. Der _____ ist ein kalter, dunkler Monat, aber dann ist Fasching.
22. Welches _____ haben wir heute?
23. Die Hexen haben am 30. (dreissigsten) _____ im Harz ein Fest, Walpurgisnacht.
24. Abkürzung von „Jahrhundert".
25. Die Schultage in Deutschland sind _____ bis Samstag.
27. Im _____ gehe ich in die Ferien.
29. Nächsten Dienstag ist ein Feiertag und die Schüler haben _____.
31. _____, zwei, drei, vier usw.
33. Ich trinke heissen _____ lieber als Kaffee.
37. Im Jahre 1972 fand die Olympiade _____ München statt.

Waagerecht:

18. Ich schwimme oft in dem _____ des Jahres.
21. _____ Sommer spiele ich Tennis zweimal die Woche.
22. Am _____abend habe ich Gitarrenunterricht.
24. Abkürzung von „Jahrbuch".
26. Das _____ hat zwölf Monate.
28. Im _____ kommt das Vieh von den Bergen in das Tal.
30. Am _____ gehe ich ins Theater.
32. Ein _____ hat vier Wochen.
34. _____post ist schneller als Luftpost.
35. Um ein _____ esse ich zu Mittag.
36. _____ München ist jedes Jahr Oktoberfest.
38. Eine _____ Freundin bleibt am Wochenende bei mir.
39. Am sieb_____ Juni habe ich Geburtstag.
40. Am _____ gehen wir in die Kirche.

10. Das Klassenzimmer

Senkrecht:

1. Die _____ zeigt die Länder und Seen.
2. Du wirst _____ in der Schublade finden.
4. Schüler _____ zu Mittag.
5. Der Lehrer zeigt auf die Tafel mit dem _____.
6. Rolf, mach schnell, _____ die Glocke läutet!
7. _____ Sie die Bücher auf, bitte!
9. Die Lehrerin sitzt am _____ und korrigiert Aufgaben.
12. Antworten Sie auf die Fragen mit „Ja" oder „_____"!
15. Ich sehe das Bild _____.
16. Der Flur ausserhalb des Zimmers ist sehr _____.
18. Das Mädchen neben mir heisst _____.
20. Der Junge neben mir heisst _____.
22. _____ wieviel Uhr gehen wir aus dem Zimmer?
24. Der _____ zeigt die Tagen und Monaten.
26. Wir sind _____ Jungen in der Klasse.
27. Darf ich dein Radier_____ borgen?
29. Lesen Sie es noch _____, bitte!
31. _____ sind schwarz und sehr gross. Man schreibt daran.
32. Ich habe eine Schere und ein Lineal _____ Pult.
33. Die Schule liegt in einem engen _____.
36. Ich schreibe Antworten in mein _____.
37. Der Papierkorb ist in der _____.
38. Unser Lehr_____ ist für Anfänger.
43. Die vier_____ Reihe hat kluge Schüler.

Waagerecht:

1. „_____ wohl!" bedeutet „Auf Wiedersehen!"
3. Wir haben fünf _____ in unsrem Zimmer.
8. _____ ist das?
10. _____ drüben ist sein Federhalter.
11. Mein Ringbuch fiel auf den _____.
13. Abkürzung von „Band".
14. Stellen Sie die Vorschläge in den _____!
17. Abkürzung von „Kugelschreiber".
19. Wie schreibt _____ das auf gut deutsch?
21. zu dieser Zeit
23. Ein _____ Kreide ist kurz und weiss.
25. Ich schreibe den kleinen Aufsatz auf ein Stück _____.
28. Hast _____ Klebstoff?
30. Ich spitze meinen _____ in dem Bleistiftspitzer
34. Der Mann vorn _____ Pult ist unser Lehrer.
35. Fräulein lernen _____ in einem anderen Klassenzimmer.
38. _____ ist am Ende eines Bleistifts.
39. Die _____ ist hoch oben.
40. Schauen Sie _____ die Tafel, bitte!
41. Manfred, mach bitte das _____ an!
44. Die _____ des Zimmers ist offen.
45. _____ Stuhl steht neben dem Tisch.
46. _____ ist ein Büroklammer für deine Papiere, Amalie.

11. Klassenausdrücke

Senkrecht:

1. _____ Aussprache ist sehr gut, Fräulein Weber.
2. Sie ist _____ bereit für die Prüfung.
3. Ich _____ die Tafel nicht.
5. Abk.: und so weiter
7. Die Frage hat eine _____.
8. Das war _____ nicht schwer.
9. Haben wir Freiwillige _____ der Klasse?
10. _____ Tag, Herr Gras.
15. Ich fahre mit dem _____ zur Schule.
16. Lauter, bitte, ich kann Sie nicht _____.

Waagerecht:

1. Lena, komm schnell _____ Zimmer!
4. Inge, was machst _____ denn?
6. Meine Klasse geht so langsam, denn mein Lehrer ist so _____.
11. _____ ist dein Buch für dieses Semester.
12. Sofort; in einem _____.
13. An der Wand hängt ein Bild von einem _____.
14. Ich suche das neue Wort in dem _____.
17. Die _____ kugel zeigt alle Länder auf der Erde.
19. Wüste

Senkrecht:

18. Felix, lerne die grammatische _____ auswendig!
20. Wir lernen die Geschichte _____ Heiligen Römischen Reichs.
21. Die _____ für diese Lektion war zu schwer.
23. Anfangsbuchstaben: Er komponierte Opern, Märsche, Symphonien, Messen, Lieder; seine berühmte Lieder sind „Erlkönig" und „Der Wanderer".
24. Nach der Schule segle ich in meinem _____ boot.
26. Ich verstehe _____ auf deutsch.
29. _____ Sie das Wort an die Tafel!
31. Gehen Sie _____ Ihren Platz, Herr Klein!
33. Wer weiss die _____ Antwort?
35. _____ die Treppe hinauf zu deinem Klassenzimmer!
36. Die Übungen waren zu _____ für mich.
37. Das ist kein _____ Problem.
40. _____, die Klasse war besser letztes Jahr mit Herrn Schmidt.
41. Ilse, _____ auf Seite vier, Zeile acht!
43. _____ Matthias! Du bist zu laut heute morgen.
45. _____ mand kann weiter übersetzen. Es ist zu kompliziert.
50. Anfangsbuchstaben: Erster Präsident Deutschlands und der Weimarer Republik.

Waagerecht:

22. Wir haben zwei _____ in unsrer Schule. Beide sind sehr gute Lehrer.
25. Ich habe immer so viele _____ über Deutsch.
27. Anfangsbuchstaben: Er komponierte Opern, musikalische Dichtungen, viele Lieder; berühmte Werke sind „Till Eulenspiegels lustige Streiche" und die Oper „Der Rosenkavalier".
28. Klasse, schreibt _____ sorgfältig ab!
29. _____ Sie das Wort auf deutsch!
30. Eine _____ Antwort ist besser als keine.
32. Abk.: Nummer
34. Sie sollen Ihre Aufgabe immer _____, Fräulein Schuhmacher.
35. Die _____ fängt um acht Uhr an.
36. Verbessern Sie den _____, bitte!
38. Brigitta, hast du die Arbeit _____ tan?
39. Ja, Deutsch ist _____ —für die Deutschen.
42. Abk.: Christus
44. Siehst du den Fehler _____ dem Satz, Wolf?
46. Reichen Sie die _____ ein, bitte!
47. Während der Ferien haben wir zehn Tage _____.
48. „_____ rund" bedeutet „oval" auf englisch.
49. Lesen Sie _____ noch einmal, bitte!
51. Meine Klasse ist _____ interessant.
52. Die zwei _____ Stunde habe ich Deutsch.
53. _____ schön!; Vielen Dank!
54. Machen _____ die Bücher auf, bitte!

12. Im Hause

Senkrecht:

2. Es sind schöne Vorhänge
   _____ der Wand.
3. Die Wasch_____ ist voll von
   Kleidern.
4. Anfangsbuchstaben: Zweiter
   Präsident der Weimarer
   Republik; er nannte Hitler zum
   Kanzler.
5. Abk.: Volkswagen
6. Der erste _____ in Amerika
   heisst Erdgeschoss in
   Deutschland.
7. Meine Kleider hängen im
   _____.
10. _____ ist der Schalter für die
    Lichter.
11. Ich _____ das Fenster durch.
13. Das _____ ist im Schlafzimmer.
14. Er spricht so lânge am _____.
15. Der _____ liegt auf dem
    Fussboden.
18. Die Badewanne ist in dem
    _____ zimmer.
19. _____ sitzt am Schreibtisch
    und schreibt Briefe.
22. _____ war ein grosses Klavier
    in der Ecke.
24. Die Dach_____ ist das
    Zimmer unter dem Dach.
25. Die Beine des alten Stuhles
    sind _____.
26. Eine Statue von einem _____
    steht auf der Terrasse.
27. Das alte Haus hat einen
    Tanz_____ im zweiten Stock.
31. Anfangsbuchstaben: Mitglied
    des Bauhauses; er malte
    abstrakte Gemälde.
33. _____ will einen Kamin im
    Wohnzimmer haben.
34. Anfangsbuchstaben: Der
    italienische Spitzname von
    Kaiser Friedrich I. von
    Hohenstaufen.

Waagerecht:

1. Die _____ ist sehr hell.
4. Die _____ hält einen schönen
   Blumenstrauss.
6. Ant wort auf: Wie?
8. nicht weit
9. Abk.: Nordwest
12. Der _____ ist voll von
    Aschen.
14. Die _____ heisst auch das
    Klo(sett).
15. Ich kann nichts mit dem
    kaputten Plattenspieler _____.
16. Der zwei_____ Stock in
    Amerika heisst erster Stock in
    Deutschland. land.
17. Ich habe Farbfernsehen _____
    als schwarz-weiss.
20. Ich steige die _____ bis an die
    Tür hinauf.
21. Klara _____ einen
    gemütlichen Sessel und schlief
    ein.
23. Wir essen im _____ zimmer.
25. Die Frau steht am Waschbecken
    in der _____.
28. _____, ist der Spiegel nicht
    gross!
29. Er kommt _____ dem
    Arbeitszimmer mit vielen
    Büchern.
30. Anfangsbuchstaben: Nazi-
    Politiker; Kommandant der
    Luftwaffe des Dritten Reichs.
32. Unser Gastzimmer ist
    _____ setzt.
35. Wir haben ein Spielzimmer
    unten im _____.
36. Die _____ sehen sehr teuer
    aus.

13. Mahlzeiten

Senkrecht:

1. Meine Freunde _____ heute zum Mittagessen.
2. Mein _____ bringt mir eine Flasche Wein und Blumen für den Tisch mit.
3. Zum ___essen esse ich ein Butterbrot.
4. Die erste Silbe des Wortes „Serviette".
5. Zum _____ esse ich Eier oder Toast.
6. Anfangsbuchstaben: Dichter, Dramatiker, Romanschriftsteller, Staatsmann, Politiker, Wissenschaftler, er schrieb „Faust".
10. Zum Nachtisch esse ich _____ am liebsten.
11. Wenn ich viele Kekse esse, werde ich _____.
13. Mein _____ ist voll von Fleisch, Kartoffeln und Gemüse.
15. Es _____ gestern so viel Gutes zu essen.
17. „_____", „aha" und „haha" sind Ausrufe.
18. Anfangsbuchstaben: Er komponierte Oratorium, Opern, Kantaten; sein berühmtestes Werk ist „Der Messias".
19. Die Speisekarte zeigt das _____ und den Preis im Restaurant.
21. _____ Appetit!
22. Die Tisch_____ ist schmutzig.
23. _____ Weintrinken sagt man „Prosit".
25. Herr Ober, bitte, bringen Sie _____ Sahne und Zucker!
27. _____ und zu esse ich gern Imbiss nach der Schule.
28. _____ ist immer gedrängt voll in der Mensa.

Waagerecht:

2. Fräulein, ich möchte ein _____ Milch, bitte.
7. Ich ___stelle auch Salat und eine Suppe.
8. Der _____ ist voll von Limonade.
9. Die Klinge des _____ ist nicht scharf.
12. Am liebsten esse ich Steak nur _____ Salz und Pfeffer.
14. _____ schmeckt gut!
15. Anfangsbuchstaben: Er machte einen der ersten Wagen und das erste Motorrad; mit Karl Benz stellte er den „Mercedes", ein berühmtes Auto, her.
16. Die _____ steht auf der Untertasse.
17. _____! Die Rechnung ist falsch!
18. Ich brauche eine _____ und einen Löffel.
20. Coca-Cola und Bier sind beide in dem ___schrank.
21. Anfangsbuchstaben: Dritter Präsident der Bundesrepublik nach dem II. Weltkrieg.
23. das Silber_____.
24. Ich trinke lieber heissen _____ als Kaffee.
26. Bitte, reichen Sie mir die Kaffee_____!
29. Jürg, _____ den Topf vom Herd, bitte!
30. „Auf Wiedersehen" und „_____wohl" bedeuten das gleiche.
31. Abk.: siehe Seite

27

14. Gesundheit und Krankheit

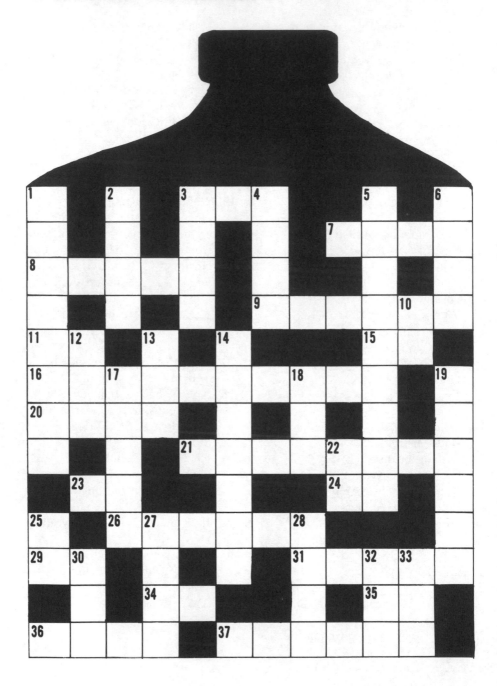

Senkrecht:

1. Ich hole die _____ gleich für den Kopfschmerzen.
2. Deine _____ ist sehr blass.
3. gesund
4. Der Mann in dem Krankenwagen hatte einen _____schlag.
5. Ich habe Magen _____ .
6. Meine Medizinflasche ist _____ .
10. _____ geht ihm heute schlecht.
12. Jedesmal, wenn ich ins Hospital geh' Fall', ich in Ohnmacht, wenn ich Blut _____'.
13. Abk.: Ausserparlamentarische Opposition
14. Holen Sie _____ für die Augen!
17. Das Bett links ist _____. (mein Bett)
18. Meine Entzündung _____ mir weh.
19. Er hat 39 Grad _____ .
22. _____, die Spritze schmerzt nicht!
25. Anfangsbuchstaben: Forscher der modernen Philosophie; er schrieb „Kritik der reinen Vernunft".
27. Im Krankenhaus bekomme ich viel _____ von meinen Freunden.
28. Ich habe Ohrenschmerzen und _____ weh.
30. _____ fehlt nichts; Ich fühle mich gut.
32. Trinken Sie heissen _____ und gehen Sie gleich ins Bett!
33. _____ Mensch sagt „Gesundheit", wenn ein anderer niest.

Waagerecht:

3. Au _____! (O, o!) Es geht mir nicht so gut!
7. Der Patient wartet auf den Arzt in der _____ des Wartezimmers.
8. Mein _____ schmerzt von der Blinddarmoperation.
9. Eine Krankenschwester bleibt mit dem Kranken im Untersuchungs _____ .
11. _____ geht ihr schlecht.
15. Geht _____ Ihnen heute besser, Frau Krüger?
16. Er misst meine _____ mit einem Thermometer.
20. Kurzform von Theodor.
21. Holen Sie Pillen in der _____ ab! (Man kann in der Drogerie keine Pillen holen.)
23. Wir alle _____ meiner Familie haben Allergien.
24. Ich schreibe „Gute Besserung" auf die Karte _____ Klara.
26. Ich spreche mit meinem Arzt, Doktor Bauer, im _____ zimmer.
29. Anfangsbuchstaben: Er und Friedrich Engels schrieb „Das kommunistische Manifest".
31. Menschen im hohen _____ brechen oft die Hüfte.
34. Sie ist _____ schwach von ihrer Krebskrankheit.
35. Jeden Morgen soll man ein frisches _____ essen.
36. Mein _____ sagt, ich habe nur eine Erkältung.
37. Wenn man einen lauten _____ hat, sagt man „Entschuldigung!"

15. Die Schule

Senkrecht:

1. _____ sisch ist eine sehr schwere Sprache.
2. Wie _____ richtig schreibt, nennt _____ „Orthographie".
3. _____ anderes Wort für „Klub" ist „Verein".
4. In _____ studiert man Tiere und Pflanzen.
5. _____ acht Uhr beginnt der Unterricht.
6. Alle Fächer und Unterricht im Leben eines Menschen nennt man „_____".
9. Anfangsbuchstaben: Er entwickelte die Infinitesimalrechnung; er gründete die Berliner Wissenschaftsakademie.
11. _____ gehst du hin, wenn du schwänzt?
13. Der Schuhmacher macht Sohlen aus _____ leder.

14. Der Länge eines _____ heisst die Armlänge.
16. Zoologie ist eine Natur _____.
17. Der Professor gibt eine _____ in dem Hörsaal.
18. In _____ lernen wir Einsteins Relativitätstheorie.
19. Meereskunde ist das Studium unter der _____.
20. _____ (puh), es ist zu warm zum Arbeiten!
22. 75 Prozent der deutschen Schüler besuchen die _____ nach vier Jahren in der Volksschule.
27. In dem Boxsport ist _____ eine Abkürzung von „knock out".
28. Ich lerne die _____ staben von „a" bis „z".
29. Dora _____ Geologie sehr gern.

32. Das chemische Zeichen für „Zinn". Es kommt aus dem lateinischen „stannum".
33. Ich habe einen Roman von Thomas Mann nie _____ lesen.
36. Ich fiel _____ das Abitur.
37. Erd_____ ist das Studium unsres Planets.
38. _____ ist ähnlich wie Dänisch.
39. _____ Direktor unsres Gymnasiums ist sehr fair.
40. Italienisch, Spanisch und Französisch sind _____ sprachen.
41. _____ Freitag habe ich Fahrschule.
43. In der Geschichtstunde schlagen wir die Zeit _____; es ist sehr langweilig.
46. Die „blauen Briefe" (Warnungen von der Schule) kommen _____ Post.
47. Kanzler der BRD zwischen Kanzler Adenauer und Kanzler Kiesinger.
48. Abk.: Ingenieur
51. _____ studiert Medizin an der „Freien Universität Berlin".

Waagerecht:

1. In _____ lernen wir von Mineralen und Gasen.
4. Schüler haben nicht viel Zeit zum _____.
7. Wir haben Turnen _____ der Turnhalle.
8. _____ Herbst beginnt das neue Schuljahr.
10. Der Vorname „Ivan" ist auf deutsch _____.
12. Der „Freshman" in der amerikanischen Uni ist gewöhnlich nicht _____ alt wie der „Fuchs" in der deutschen Hochschule.

13. In _____ wissenschaft lernen wir Gegenwartskunde.
15. Abk.: Nordost
18. Wir lernen die Theorien von Kant in _____.
21. Abk.: Millimeter
23. Anfangsbuchstaben: Nazi-Sekretär; er half Hitler mit seinem Buch „Mein Kampf".
24. Ein Ort für Bücher oder Papiere.
25. _____ freilich!; Ja, bestimmt!
26. Melitta, bitte, _____ mir deinen Bleistift!
27. Wir lernen Malen und Zeichnen in der _____ stunde.
28. Ich hoffe, dass ich das Abitur _____.
30. Wir sprechen oft _____ Goethe in unsrer Deutschklasse.
31. feucht
34. Die deutschen Schulnoten _____ stehen aus Zahlen von eins (die beste) bis sechs.
35. In der I. (ersten) _____ habe ich Musik.
39. Die Hauptpronomen des _____ sind „du", „dir" und „dich".
40. Ein Schüler kann ein _____ wählen.
42. Kinder_____ kommt vor der ersten Stufe in der Grundschule.
44. Das Gegenteil von „reich".
45. Die Jacke ist aus _____ gemacht.
46. Man *muss* ein _____ fach haben.
49. _____ laufen, _____ kunstlaufen _____ fischen, _____ hockey, _____ schiessen, _____ kegeln und _____ segeln sind Sporte auf dem _____.
50. Mein Freund und ich _____ ein Zimmer in einem Studentenheim.
52. Abk.: hochdeutsch
53. In _____ lernen wir von verschiedenen Ländern.

16. Sport und Vergnügen

Senkrecht:

2. selbstverständlich.
3. Ich spiele _____ oft Karten.

Waagerecht:

1. Mein Steckenpferd ist
   _____ fahren in den Alpen.

Senkrecht:

4. Grossmutter
5. _____ball heisst „soccer" in Amerika.
7. Wellen _____ macht viel Spass.
9. Die _____ ist ein lautes Horn.
11. „Moped"
13. _____reiten tut man auf einem Pferd.
16. Wir _____ im Chor.
17. Wir _____ gern mit Ölfarben.
19. Wir schwimmen gern in der _____anstalt.
20. Bedeutung
21. Frauen _____ gern ihre Kleider.
24. _____ verflixt! Donnerwetter!
25. Wir haben den Wettkampf in der Sporthalle _____ sehen.
27. Ich lasse meinen _____ gern im Wind steigen.
28. Wir _____ sehr schnell im Rennsport.
29. Rodelfahren im Winter macht _____ viel Spass.
30. Die Hauptstadt von Österreich.
32. Ich habe _____ grosses Sammelbuch.
33. Sie sitzen in der _____ des Zimmers und spielen Schach.
35. Ich _____ ein schönes Schauspiel gestern.
36. Arme Leute leiden _____.
38. Bogenschiessen war _____ Talent Wilhelm Tells.
41. Das zwei _____ Spiel war das schwierigste.

Waagerecht:

3. Man spielt _____ mit einem Golfklub und einem Golfball.
6. _____ tanzt gern.
8. Er _____ mit seinem Schlitten.
10. _____ Montag habe ich Klavierunterricht.
12. _____! Geh heraus!
13. Er übt mit seiner Geige einmal _____ Tag.
14. Mein Lieblings_____ im Winter ist Schlittschuhlaufen.
15. Ich gewinne immer beim _____tennis.
18. Man sieht schöne _____ auf der Autorennbahn.
19. Ein typisch amerikanisches Spiel ist _____ball.
20. Wir _____ Sonnabends in meinem Segelboot.
22. In Deutschland fahren mehr Leute mit dem _____ als in Amerika.
23. „Nee" ist ein deutscher Dialekt für „_____".
26. Er spielt Trommel _____ der Kapelle.
27. Lotte, _____ den Fernseher an, bitte!
28. Sie _____ gern Romane.
31. Mein Hobby ist Wildschweine zu _____.
34. Morgens früh gehe ich am Rhein _____.
37. Meine Hände sind kräftig vom _____ballspielen.
39. Die erste Silbe von „Akkordeon".
40. Ich spiele lieber als für eine gute _____ zu arbeiten.
42. Hurrah! Unsre Mannschaft kommt dem Ziele _____!
43. Man spielt _____ mit einem Tennisschläger und einem Tennisball.

17. Tiere

Senkrecht:

2. der Hase
3. _____ Flusspferd ist kein Pferd.
4. Ein _____ ist sehr schmutzig und frisst Abfall.
5. Hirschart.
6. Ein Kamel kann sechs _____ sieben Tage ohne Wasser leben.
8. Das Schwein grünzt „_____, _____".
11. Das Land des Affen, der Giraffen, des Alligatoren und des _____ ist Afrika.
13. _____ grosse Elefant hat Angst vor einer Maus.
14. Der _____ kräht „kikeriki".
15. Eine grosse Eule mit Hörnern heisst der _____.
19. Die populäre Mecki-Puppe in Deutschland ist ein _____.
21. _____ fängt die Spinne eine Wanze und wird sie später essen.
22. _____ Frühling quaken die Frösche und Kröten.
24. Das _____ gibt Wolle.
25. Fliegen _____ Mücken sind Insekten.
26. Die Taube, der Adler und die _____ sind Vogelnamen.
27. Im Zoo war auch ein _____.
29. Die fette _____ hat acht Ferkel.
30. Die _____ gibt Milch.

Waagerecht:

1. Die Ente quakt „_____, _____".
3. Der _____ lebt am Nordpol.
6. Die _____ wohnen in dem Bienenstock.
7. Abk.: Handelsorganisation
9. _____ lang ist die Schlange?
10. Die _____ kriecht sehr langsam mit ihrem Schneckenhaus.
12. Ich habe viele Fische in der Fischerei _____ sehen.
13. Der Pudel, die Bulldogge, der Boxer und der _____ sind Hundenamen.
16. _____, der Storch steht wirlich auf einem Bein!
17. _____ verkauft zahme Tiere in seiner Tierhandlung.
18. Die Käfige sind _____, nicht schmutzig.
20. die Henne
22. Viele wilde Tiere wohnen _____ dem Dschungel.
23. Onkel Karl geht mit _____ zum zoologischen Garten.
24. Sehen _____ den Esel und die Ziege auf dem Bauernhof?
28. Anfangsbuchstaben: Meistersinger; er wohnte in Nürnberg.
30. Das _____ springt hoch und lebt in Australien.
31. Anfangsbuchstaben: Er _____ und Clemens Brentano kompilierten das wichtigste Volksliederbuch „Des Knaben Wunderhorn".
32. Der _____ sieht wie ein roter Hund mit einem buschigen Schwanz aus.
33. Der _____hund ist kein Hund, sondern ein Seetier.

35

18. Natur

Senkrecht:

1. Ast eines Baumes
2. Der Raum, worin die Erde ist.
3. Wir gehen auf dem _____ am Strand.
4. Die Geographie Norddeutschlands ist _____.

Waagerecht:

2. Wenn Wasser vom Berge kommt, entstehen _____.
8. Moos ist weich _____ ein Pelz.
9. Der Strauss legt das grösste _____ der Welt.
10. Lindenbaum

Senkrecht:

5. _____ und Lava kommen aus einem Vulkan.
6. Das Weltall ist nicht _____.
7. _____ Sumpf ist nasses Land.
14. Der _____ wird eine Pflanze.
15. Die Fichte und die _____ sind gewöhnliche Nadelbäume.
17. Unser Planet heisst die _____.
18. Ein _____ ist nicht so gross wie ein Berg.
19. Ein _____ ist kleiner als ein Fluss.
20. Wir fischen am _____ des Flusses.
21. Renate, siehst du den Schwan? _____ ist ein Schwimmvogel.
23. Genitiv des Namens „Olga".
27. Der Bär macht den Winterschlaf in einer _____.
29. Das Gegenteil von „alt" ist „_____".
30. Die „Zugspitze" ist der höchste _____ Deutschlands.
32. Sylt, Helgoland und Juist sind deutsche _____ in der Nordsee.
33. Das Rotkehlchen isst _____ Regenwurm.
34. Der _____ ist kleiner als ein See.
35. Anfangsbuchstaben: Arzt, Wissenschaftler, Musiker, Missionar; er gründete ein Krankenhaus in Afrika.
36. Eine Frühlingsblume aus Holland.
37. Wir folgen dem _____ durch den Pass.
38. Viele Bäume bilden einen _____.
42. Wenn ich jemanden rufe, sage ich „Hallo" oder „_____".

Waagerecht:

11. ein gewöhnlicher Baum
12. Eine Heide _____ ebenes Land mit Sand und blauen Blumen.
13. Rasen
16. Ein _____baum ist ein Obstbaum.
18. Stroh ist dicker und gelber als _____.
19. Die Vögel singen in den _____.
22. Ein voller _____ ist sehr romantisch.
24. weit
25. Anfangsbuchstaben: Ein heutiger Dichter, Schriftsteller, Dramatiker; er schrieb „Hundejahre".
26. Wir finden Eichkätzchen in einer _____.
28. Wir _____ Vogelbabies in dem Nest piepsen.
30. Die Spitze von einem _____ heisst der Wipfel.
31. Ein weiches _____ kocht man drei Minuten im Wasser.
33. Die Spitze _____ Berges heisst der Gipfel.
34. Ein _____ liegt zwischen den Bergen.
36. Die Schiffer _____, als ob sie den Fels nicht sehen.
37. _____ hat Osterglocken im Garten?
38. Viele Gänseblümchen wachsen auf der _____.
39. Der Pfad im Wald war _____.
40. Der _____ mit vier Blätter bringt Glück.
41. Ein Igel wohnt in einem _____ in der Erde.
43. Der Bauer arbeitet auf dem _____.
44. Eine Reihe von Büschen.

37

19. Obst und Gemüse

Senkrecht:

2. Unser Gast _____ ins Haus mit einem schönen Obstkorb.
4. Eine rote Beere, aber keine Erdbeere.
5. Imperativ singular von „essen".
6. _____ andere Wort für „Kohl" ist „Kraut".
7. Kinder hassen _____.
9. _____ stangen sehen wie grüne Pfeile aus.

Waagerecht:

1. na ja; schon gut
3. Diese Banane schmeckt _____.
8. Anfangsbuchstaben: Theoretiker der Romantik; er übersetzte Shakespeare ins Deutsche.
10. Er _____ Kopfsalat lieber als Blattsalat.
12. Eine _____ ist gelb und gross und rund.

Senkrecht:

11. Eine _____ ist rot, rund und weich.
13. Gott sei _____ und Dank!
14. Auf dem Markt gibt _____ allerlei frisches Gemüse.
18. Apfelsine
20. Der Zoll_____ nimmt die Früchte aus dem Koffer.
22. Ein Eichkätzchen frisst sie.
25. wahr
27. Ich habe viele Kartoffeln _____ gessen.
28. Die _____ frisst Getreide und schwimmt auf dem Wasser.
32. Abk.: Bundesrepublik Deutschland
34. Gabriele, _____ in den Garten und pflücke Mais für das Abendessen.
35. Wein kommt von den _____.
37. Ein _____ ist eine rote Rübe und schmeckt sehr scharf.
38. Wie schmeckt _____ Steak mit Zwiebeln, Elsbeth?
40. Anfangsbuchstaben: Er erfand das lenkbare Luftschiff und nannte es „Zeppelin".
44. Ein Fluss nördlich der Neisse.
45. Er sitzt in der _____ des Zimmers.
47. Eine Birne schmeckt _____.
48. Martha, frag Trude, _____ die Pilze giftig sind!
49. Abk.: von unten

Waagerecht:

15. Ein Rosenkohl ist nicht _____ rot wie ein Kohlkopf aber schmeckt ähnlich.
16. Lothar, frag den Obsthändler, _____ er Bananen hat!
17. Ich esse Pflaumen _____ gern.
19. Anfangsbuchstaben: Er war französischer Kaiser und regierte Preussen 1806–1815.
21. Eine gelbe _____ ist eine Karotte.
23. Anfangsbuchstaben: Er entwickelte die Relativitätstheorie.
24. sehr sehr alt
26. Einige _____ vor Halloween machen die Kinder in Amerika Irrlichter aus Kürbissen.
28. _____ sind in einer Schote.
29. Eine Wasser_____ ist ein grosses Obst.
30. Hanna, _____ mal wo ich frische Pfirsiche kaufen kann!
31. Anfangsbuchstaben: Sie entfloh von den Nazis mit ihrer Familie; Mutter der „Trapp Family Singers"; Hauptgestalt in dem Film „The Sound of Music".
33. Kinder, bitte, schneidet die Ananas in Stücke und _____ sie auf einen Teller!
36. Eine _____ ist eine gutschmeckende rote Beere.
39. _____ hat Artischoken nicht gern.
41. Ein faules _____ stinkt schlechter als faule Gemüse.
42. Ein Ausdruck des Lachens.
43. Eine _____ ist gelb und eine Limone ist grün.
46. Apfelblüten sitzen am _____.
48. 50. Man findet eine _____ oder eine _____ in einem Cocktail.
51. Saure _____ schmecken gut auf Hamburgern.

20. Weihnachten

Senkrecht:

1. Ich _____ froh zur Weihnachtszeit.
3. Zur Weihnachtszeit sitzt ein goldener _____ auf dem Kamin.
4. In Deutschland findet ein Kind Geschenke in einem Schuh oder in einer _____.
6. Während der Adventszeit haben die Deutschen einen Kranz auf dem Tisch, nicht an der _____ wie in Amerika.
7. Ich gehe _____ rodeln als skifahren.
8. In Deutschland gibt _____ Parties am Silvesterabend, aber nicht zur Weihnachtszeit.

Waagerecht:

2. Am Christabend gehen die Deutschen in die Kirche zur _____.
5. Der Vater Jesu ist _____ .
7. „Stille Nacht" ist ein schönes Weihnachts _____.
10. Sankt Nikolaus kommt durch die Tür oder den Schornstein _____ Haus.
11. Anfangsbuchstaben: Er erfand die Druckpresse.
12. Das Christkind beschenkt _____ gute Kinder.
15. Wer ohne Sünde ist, kann zur Mitternacht am Heiligabend die Sprache des Ochsen, des Pferdes, des Esels, der _____ und anderer Tiere verstehen.

Senkrecht:

9. Der Schafhirt schützt die _____.

12. Sankt _____ ist der deutsche Santa Klaus.

13. Je schneller, _____ so besser.

14. Der _____ von Bethlehem schien über der Krippe Jesu.

18. Christus kam im Stall von Bethlehem zur _____.

19. Den Tannenbaum mit Weihnachtsschmuck nennt man _____baum.

22. Wir stehen _____ den Christbaum herum und sehen seine Schönheit.

23. Mami, _____, kommt doch schnell!

25. Anfangsbuchstaben: Gründer der Reformation.

26. Wir setzen die Krippenfiguren auf das _____.

27. Der Helfer von Nikolaus ist Knecht Ruprecht, aber die Helfer von Santa Klaus sind die _____.

28. _____kugeln, Kerzen und Obst schmücken den Christbaum in Deutschland.

29. Lebkuchen, Striezel und Pfeffernüsse sind deutsches _____.

32. Wir müssen zum Weihnachtsmarkt _____, denn es wird spät.

34. Maria, Josef und das Kind, Jesus, waren mit Eseln und Ochsen in dem _____.

37. Der Rufname von Irmgard.

40. Rolf, frag Gertrud, _____ sie die Mistelzweige kauft!

41. Erste Silbe der folgenden Jungennamen: _____bert, _____land, _____ger.

Waagerecht:

16. _____ Dezember werden die Tage länger.

17. Sack

20. _____ Weihnachten!; Fröhliche Weihnachten!

21. Knecht _____ ist der Helfer des Nikolaus.

24. _____ feiert das Fest der Heiligen Drei Könige am 6. Januar.

26. Puppen, kleine Wagen und andere Kindergeschenke nennt man _____.

29. Wir sprechen von dem Vater, dem Sohn und dem Heiligen _____.

30. Anfangsbuchstaben: Er malte das Dombild im Kölner Dom.

31. Knecht Ruprecht bestraft böse Kinder mit der _____.

33. Die höchste Karte im Kartenspiel.

35. Gut gemacht!

36. In Deutschland _____ der Weihnachtsmann auf einem Pferd durch die Luft.

38. Wenn ein Mensch _____ ist, hat er auf Bildern einen Heiligenschein.

39. Ich singe im Kirchen_____.

42. Kinder, lasst dieses _____ etwas für die Gäste auf dem Weihnachtsteller!

44. Süssigkeiten

45. Ich werfe einen Schnee_____ nach Heinz.

43. Erste Silbe der folgenden Jungennamen: _____bert, _____brecht, _____fred, _____win.

41

21. Reisen

Senkrecht:

1. Ⓟ bedeutet Park_____.
2. Gehen sie nach dem zweiten _____!
4. Ich brauche Filme für meine _____.
5. Die Strasse zu einer alten Stadt führt oft durch ein _____.
7. Ein Omni_____ und ein Auto_____ sind das gleiche.
8. Ein _____ ist kleiner als eine Stadt.
9. Auf dem _____ steht „Rauchen Verboten".

Waagerecht:

1. Ausweispapiere
3. Ich bringe viele grosse _____ aus dem Geschäftsviertel mit.
6. Der Bote _____ mir gestern das Telegramm.
10. Aufnahme
11. Abk.: Vormittag
12. Gehen Sie nicht nach links, sondern nach _____.
15. _____ wäre schon.
16. Anfangsbuchstaben: Er malte historische und religiöse Bilder.
17. Dieses Geschenk ist _____ teuer.

Senkrecht:

13. Anfangsbuchstaben: Seine berühmteste Oper ist „Hänsel und Gretel".
14. Ein _____ ist ein öffentliches Fahrzeug und sieht wie ein Auto aus.
19. Der Reise_____ auf dem Boot war sehr interessant.
20. Die _____bahn sieht man immer weniger.
22. Nächstes _____ mache ich einen Reiseplan.
24. Ich gehe auf den _____, frisches Obst zu kaufen.
25. _____ : 10:50 Ankunft: 13:57
26. Der Zugfahrplan ist in dem _____hof.
27. Aussen an den Gebäuden sieht man Holzbalken. Dies heisst _____.
28. Gehen Sie nicht nach oben, sondern nach _____!
29. Ein Eil_____ ist schneller als ein Personen_____.
33. Es ist nicht weit, sondern in der _____.
34. _____ trägt unser Gepäck.
36. Ich esse _____ Speisewagen des Zuges.
37. _____schein; _____karte
40. Meine Beine tun mir _____.
41. Jeden _____ bekomme ich eine Postkarte von ihm.
42. Gehen Sie an die zwei _____ Zeitungskiosk!
43. Hast du die Reklamsäulen in Europa _____ sehen?
44. Ich _____suche meine Freunde in Chikago.
45. Gudrun, _____ sollst einen Brief an Papi schreiben.
46. Die Höchstgeschwindigkeit _____ der Innenstadt ist 50 km.

49. _____ -Bahn ist eine Abkürzung von „Untergrundbahn".

Waagerecht:

18. Ich packe alles in den _____.
21. Die _____ hat drei Lichter, ein rotes, ein gelbes und ein grünes.
23. Der Brunnen ist _____ Zentrum der Stadt.
25. Eine grosse lange Strasse zum Schnellfahren.
27. Ich warte auf das Düsenflugzeug auf dem _____platz.
29. Gehen Sie geradeaus _____ Post.
30. Dialekt für „hier".
31. Ich fahre lieber mit der _____bahn.
32. In welcher _____ ist es, Nord, Süd, Ost oder West?
35. Der Bürger_____ ist der Weg für Fussgänger.
38. Diese Brücke ist _____ als die andere.
39. Abk.: Nachmittag
40. Last_____ sind grösser als Personen_____.
43. Monika, _____ gleich um die Ecke zum Park!
45. Wie ein Foto, aber kleiner.
47. Es gibt viel _____ überall in New York.
48. ⚠ bedeutet „_____". (d.h. Wo Fussgänger über die Strasse gehen.)

22. Menschen

Senkrecht:

1. Schutzmann
2. Der ____mann arbeitet für die Flotte.
3. Ein _____ stahl mein Silber aus dem Haus.
5. Ein Student auf der Universität hört viel und heisst darum ein _____.
6. Kranken_____ arbeiten im Krankenhaus.
8. _____ Montag beginne ich meinen neuen Beruf.
9. Die _____ und der Bräutigam sind ein schönes Paar.
13. Rommel war ein grosser Feld_____ im II. (zweiten) Weltkrieg.
15. _____ ist ein Fussballspieler für den „Wiener Verein".
17. Friedrich der Grosse war _____ von Preussen.
18. Der Bus_____ war zu allen sehr freundlich.
22. Der Brief_____ trägt die Post aus.
23. Die Nonne darf _____ nicht heiraten.
25. Barbara, _____ einen guten Advokat gleich!
26. Der Professor arbeit_____ an der Universität.
27. _____ deutscher Austauschschüler aus Hannover besucht unsre Schule.
28. Der Tourist macht eine Tour mit dem _____.
29. Ein ____fertiger Friseur schneidet das Haar sehr schlecht.
32. Anfangsbuchstaben: Er entwickelte die „Psychoanalytische Theorie" und „Die Sexualtheorie".

Waagerecht:

1. Hindenburg war der zweite _____ der Weimarer Republik.
4. Ein ____arzt arbeitet mit Zähnen.
7. Er versteht nicht das Fach, er ist _____.
9. Der _____ bäckt gutes Brot.
10. Wilhelm der Zweite war Kaiser _____ Zweiten Reich.
11. Wir rufen „Herr _____" für den Kellner und „Fräulein" für die Kellnerin.
12. _____ gibt einen guten Koch in diesem Restaurant.
14. Ein Feuer_____mann ist unser Schutz gegen Feuer.
16. Der _____ verkauft.
19. _____ viele Bürger sind unzufrieden heute.
20. Abk.: und andere; unter anderem.
21. Der _____ ist der Sohn eines Königs.
24. Mein _____ lehrt Deutsch und Englisch.
25. Der Schornstein_____ trägt einen Besen und fegt den Schornstein.
28. Die Schultern des Ringkämpfers sind _____.
30. Ein _____ hat eine schwarze Haut.
31. Der Papst wohnt _____ Rom.
33. Ein _____ kämpft im Krieg.
34. Der _____ redet in der Kirche.

23. Gebäude

Senkrecht:

1. _____ Benzin bekomme ich an der Tankstelle.
3. _____ Freitag besucht unsre Klasse das Museum.
4. Laden
6. Kurzname von Eduard oder Edmund.
7. Man kauft etwas in einem _____.
10. Ein Mädchen kauft Kosmetik in einem Schönheits_____.
12. Leute können hier essen und übernachten.
13. Slang für „Universität".
14. _____ etwas!; Kannst du das glauben!
16. Der Name _____ Restaurants ist „Zum Ritter".
18. eben, platt
19. Die Tiere der Bauern wohnen in _____.
21. Ein sehr hohes Gebäude heisst _____kratzer.
22. Ein Kiosk steht gleich _____ die Ecke.
25. Ich kaufe _____ in einem Tabakladen oder Drogerie.
26. Der Bürgermeister arbeitet in dem _____.
28. Man betet in der _____.
30. ein grosser schwarzer Vogel
31. Man kann allerlei in einem _____haus kaufen.
35. Der Dieb muss _____ Gefängnis.
37. Ich _____komme Gebäck in der Bäckerei.
38. Er wartet _____ der Bibliothek auf mich.

Waagerecht:

2. Mein Auto steht in unsrer _____.
5. Ich übernachte in dem Berliner _____.
8. _____ drüben ist das neue Stadion.
9. Abkürzung von Adolf Hitlers „Schutzstaffel".
11. Gasthof
15. Abk.: an der (an der Oder, an der Elbe, usw.)
17. Ich hatte eine gute _____ in der Schule.
18. Wo man Würste und Fleisch kauft.
20. Geh!; Mach schnell!; _____!
21. Anfangsbuchstaben: Präsident des Staatsrates der DDR 1960–71. verantwortlich für die Mauer zwischen Ost- und Westberlin (1961).
23. Das Opernhaus ist _____ der Ecke.
24. Kathedrale
25. Man sieht Schauspiele im _____.
27. Anfangsbuchstaben: Er und Bunsen erfanden eine Methode der Spektralanalyse.
29. Man wechselt sein Geld in der _____.
30. Ein Tourist kauft Fahrkarten bei dem _____büro.
32. _____ ist Neuschwanstein, das berühmteste Schloss von allen.
33. Das Gegenteil von „fern".
34. Ich sehe Filme im _____.
36. Ich kaufe Bücher in der _____handlung.
37. Der grosse _____ da drüben ist eine Fabrik.
39. Man lässt sich die Haare in einem _____salon schneiden.
40. Ich kaufe Essen in dem _____mittelgeschäft.

24. Geographie

Senkrecht:

1. _____ burg ist eine wichtige Hafenstadt Europas.
2. Die alte Universitätstadt Heidelberg liegt am _____.
3. Frankfurt am Main ist in Westdeutschland und Frankfurt an der _____ ist in Ostdeutschland.
4. _____ ist die grösste Hafenstadt der DDR.
5. Anfangsbuchstaben: Sie malte schöne Dorfkinder; sie gab W. Goebel Erlaubnis für Porzellanfiguren nach ihren Zeichnungen.
6. _____ ist die Hauptstadt von Bayern.

Waagerecht:

1. _____ ist die Hauptstadt Niedersachsens.
5. Hamburg, Berlin und _____ sind Stadtstaaten.
8. Ich _____ diesen Sommer eine Reise nach Italien.
9. Die natürlichen Grenzen Deutschlands sind die _____ see und die Nordsee im Norden und die Alpen im Süden.
10. Die _____ ist länger als der Rhein und fliesst nach Osten.
11. Anfangsbuchstaben: Er komponierte Symphonien, Ouvertüren, Quartette und Lieder; ein Werk heisst „Goethes Faust".

48

Senkrecht:

7. Deutschland hat _____ Nachbarländer.
10. Kiel in Norddeutschland ist nicht weit von _____.
14. Abk.: Europäische Wirtschaftsgemeinschaft
15. Gross_____ besteht aus England, Wales, Schottland, und Nordirland.
17. Abk.: Rhode Island, ein Staat der Vereinigten Staaten.
18. _____ liegt am Rhein und hat einen wunderschönen gotischen Dom.
20. _____lande ist ein anderes Wort für Holland.
23. Die Lüneburger Heide erstreckt sich zwischen der Aller und der _____.
25. Der Main ist ungefähr in der Mitte Deutschlands. _____ teilt Westdeutschland in einen nördlichen und einen südlichen Teil.
26. Wissen Sie, _____ der Rhein in der Schweiz beginnt?
28. Ost- und Westdeutschland zusammen ist _____ wenig grösser als der Staat Neu Mexiko.
29. Deutschland _____steht aus elf Länder (oder Staaten) wie, zum Beispiel, Schleswig-Holstein in Norddeutschland und Bayern in Süddeutschland.
31. Die Einwohner des _____waldes haben sehr interessante Trachten und Bauernhäuser.
32. Die Oder-_____-Grenze teilt Ostdeutschland von Polen. lands unter polnischer Verwaltung.
33. Nase eines Schiffes

Waagerecht:

12. Die Hauptstadt der Tschechoslowakei.
13. Seit dem II. (zweiten) Weltkrieg regieren _____ und Russland Teile Deutschlands.
16. Hameln liegt an der _____.
19. Im Westen grenzt Deutschland an _____reich, Luxemburg, Belgien und Holland.
21. Deutscher Bildhauer, Anfangsbuch-staben
22. Ich bin _____ in Wien, der Hauptstadt Österreichs, gewesen.
24. Die Wüste in Afrika ist eine _____.
27. _____ ob der Tauber ist eine sehr alte Stadt von den Römern gegründet.
29. Anfangsbuchstaben: Er schrieb „Die Dreigroschenoper" mit „Mackie Messer" als Held.
30. Bist _____ in Schwaben gewesen?
31. Der Boden_____ ist an der südlichen Grenze Deutschlands.
32. Die Gerichtsverfahren nach dem II. (Zweiten) Weltkrieg in _____ sind sehr bekannt.
34. Man kann auf einer englischen Schreibmaschine „_____" statt „ä" schreiben.
35. _____ jede zehn Jahre hat Oberammergau das Passionspiel.
36. Ich fahre diesen Sommer _____ Berchtesgaden an der Grenze zwischen Deutschland und Österreich.
39. Das Gegenteil von „teuer".
42. Westdeutschland ist _____ gross wie die Staaten Michigan und Ohio zusammen.

(Fortsetzung umseitig.)

Senkrecht:

34. Der Zug nach Garmisch-Parten-kirchen ganz in Süddeutschland fährt um acht Uhr _____.
37. Spanien liegt _____ Mittelmeer und _____ Atlantischen Ozean.
38. _____ ist die Hauptstadt der Bundesrepublik und Ostberlin ist die Hauptstadt der Deutschen Demokratischen Republik.
40. Mein Bruder kann von der sogenannten Deutschen Demokratischen Republik nicht _____ fahren.
41. _____ ist die Bundesstadt der Schweiz.
44. Frankfurt a./M. ist _____ und fern als Goethes Geburtstadt bekannt.
47. _____ gibt die deutschen Inseln Sylt, Helgoland und Juist in der Nordsee.

Waagerecht:

43. Viel _____ kommt aus dem Rhein- und Moselgebiet.
45. Die _____ ist ein Nebenfluss des Rheins.
46. Viel Kohle und Stahl kommt aus dem „Ruhrgebiet", um _____, Dortmund und Düsseldorf herum.
48. Ich _____ einmal in dem sowjetischen Sektor Berlins gewesen.
49. Der _____ ist ein Gebirge an der Grenze zwischen Ost- und Westdeutschland.

DEUTSCHE VORNAMEN

A

Achim m
Ada f *Ada, Adah*
Adam m *Adam*
Adelbert m
Adolf, Adolph m
Ala f
Alarich m
Albert m
Albrecht m *Albert*
Alex m (dim. of Alexander)
Alexander m
Alexandra f
Alfred m
Alwin m *Alvin*
Amalia, Amalie f *Amelia*
Anna f *Anna, Anne, Ann*
Annaliese f
Annemarie f *Anna Maria*
Annette f
Anni f (from Anna)
Anton m *Ant(h)ony, Tony*
Arno m
Arnold m
Arthur, Artur m
August m *Augustus, Guss*
Augusta, Auguste f
Augustin, Augustinus m
Axel m

B

Barbara f
Bärbel(chen) f *Barbara, Barb, Bab*
Beata, Beate *f*
Bella *f Mabel, Bell(a)*
Benjamin m
Benno m (dim. of Bernhard)
Bernhard m *Bernard, Barney*
Berta, Bertha f
Berthold, Bertold m
Betti, Betty f
Bodmer m
Bodo m (from Bodmer)
Boris m
Brigitta, Brigitte *Bridget, Biddy*
Bruno m

C

Cäcilia, Cäcilie f *Cecilia, Cis(sy)*
Calvin m
Carl m
Christa f
Christel f *Kit, Christie, Chris(sy)*
Christine f
Christoph m *Chistopher*
Claudia f
Conrad m

D

Dagmar f
Daniel m
David m *David, Dave*
Detlef, Detlev m
Diana f
Dido f
Dieter, Diether m
Dietleib m
Dietrich m *Derrick*
Dolores f
Dora f (dim. of Dorothea)
Dorchen f (dim. of Dora) *Dol(ly)*
Doris f
Dorothea f *Dorothy*

E

Eberhard m
Eckard, Eckart m
Eckbert m
Eckehard
Ede, Edi m (dim. of Eduard, Edmund)
Edgar m
Edmund m
Eduard m *Edward*
Edwin m
Egbert m
Elfriede f
Elga f
Elisa, Elise f
Elisabeth f
Elke f
Ella, Ellen, Elli, Elly f (dim. of Helena, Leonore) *Ella, Ellen, Ellenor*

Elsa, Else f (dim. of Elisabeth) *Alice*
Elsbeth f
Elschen f (dim. of Elisabeth) *Elise, Elsie*
Emil m
Emilie f *Emily*
Emma f
Emmanuel m
Erich m *Eric*
Erika f
Erna f
Ernst m *Ernest*
Erwin m *Ervin*
Eugen, Eugenius m *Eugene*
Eva f *Eve, Eva*

F

Felix m
Ferdinand m
Flora f
Franz m *Francis, Frank*
Frida, Frieda f *Frederica*
Friedbert, Friedebert m
Friedchen m & f (dim. of Gottfried) *Jeffie*; (dim. of Friedrika, Frida) *Freddy*
Friedel m & f (dim. of Friedrich) *Fred(dy)*; (dim. of Friedchen) *Freddie*
Friederike f
Friedrich m *Frederick*
Fritz m (dim. of Friedrich) *Fred, Freddy*
Fritzchen m & f (dim. of Fritz) *Freddy*; (dim. of Friederike) *Freddie*

G

Gabriel m
Gabriele f
Gabe f (dim. of Gabriele)
Georg, Georg m
Georgine f *Georgina, Georgiana*
Gerd, Gert m (dim. of Gerhard) *Gerry*
Gerda f
Gerhard, Gerhart m *Gerard, Gerald*

Gero m
Gerold m
Gert m
Gerti f (dim. of Gertrude)
  Gerty
Gertraud, Gertrud,
  Gertrude f *Gertrude*
Gilbert m
Gisela f
Godwin m
Gottfried m *Godfrey,
  Geoffrey, Jeffry*
Gregor m *Gregory*
Gretchen f (dim. of Grete)
  *Margaret, Marjorie,
  Maggie, Madge, Peg*
Grete f (dim. of
  Margarete) *Margaret,
  Margery*
Gretel f (from Gretchen)
Gudrun f
Gunther, Günter, Günther
  m
Gustav m

H

Hanna, Hanne f (dim. of
  Johanna) *Joan, Jane;
  Hannah, Ann*
Hanni f (dim. of Johanna)
Hans m *Jack, John,
  Johnny*
Hänschen m *Johnny,
  Jack(y)*
Hänsel m (dim. of Hans)
Hartmut m
Heda, Hede f
Heiner, Heinrich m *Henry*
Heinz m *Harry, Hal*
Helene f
Helga, Helgard f
Heloise f
Henriette, Henrike f
  *Henrietta, Harriet,
  Hariot, Henny*
Herbert, Heribert m
Hermann m
Herold m
Hilde, Hildegard f
Hubert m
Hugo m *Hugh*

I

Ida f
Ilsabe f
Ilse f *Alice, Elsie*

Imma f
Inge, Ingeborg, Ingeburg f
Irene f
Irma f
Irmgard f
Isa f
Isabella f
Isa f
Isabella f
Isebel f *Jezebel*

J

Jakob m *James*
Jenny f
Jettchen, Jette f (dim. of
  Henriette) *Harriet,
  Henny*
Joachim m
Johann m *John*
Johanna, Johanne f *Joan,
  Jane*
Jonathan m
Jörg m (dim. of Georg)
Josef, Joseph m
Judith f *Judy*
Julchen f (dim. of Julia)
  Juliet, July, Jill
Julia, Julie f *Julia, Juliet,
  July*
Julian m *Julian, Gill*
Juliane f *Juliana, Jill*
Julius m *Julius, Jule, Giles*
Jürgen m
Jutta f *Joan, Janet*

K

Karin f
Karl m *Charles*
Karla f
Karlchen m (dim. of Karl)
  Charley
Karline f (from Karoline)
Karola f
Karolinchen f (dim. of
  Karoline) *Carie*
Karoline f
Katharina, Katharine f
Käthchen, Käthe f (dim. of
  Katharina) *Katie, Kitty*
Klara, Klärchen, Kläre f
  Clare
Klaudia f
Klaudius m
Klaudine f
Klaus m (dim. of Nikolaus)
  Nick, Nicholas

Klauschen, Kläuschen m
  (dim. of Klaus) *little
  Nick*
Klemens m *Clement*
Konrad m
Konstantis f *Constance*
Kora f
Kordelia f
Kurt m (dim. of Konrad)

L

Laura f
Lea f
Lena f (from Helene)
  Nellie
Lenore f
Leo m (from Leopold)
Leonora, Leonore f
  *Leonora, Eleanor, Ellen,
  Nellie, Nora*
Leopold m
Leopoldine f
Li f (dim. of Elisabeth)
  Lizzie
Liddy f (dim. of Liese)
  *Liz, Liza, Libby, Betsy,
  Betty, Bes(sy)*
Liese f (dim. of Elisabeth)
  Liz, Betsy
Lieselotte f
Lili, Lilli, Lily f (from
  Elise) *Lizze, Lillian,
  Lil(y)*
Lilian f
Lina, Line f (dim. of
  Karoline) *Lina, Carrie*
Linda f
Lisabeth, Lisbeth f (dim:
  of Elisabeth) *Betsy,
  Betty*
Lisa f *Liza, Lizabel*
Lise f *Liese*
Lisette f *Bess*
Lizzi f
Lola f
Lorchen f (dim. of
  Eleonore) *Nel, Nora;
  (dim. of Laura) Larry*
Lore f (from Leonore)
Lorenz m *Lawrence, Larry*
Lothar m
Lottchen, Lotte f *Lotty*
Louise f
Lu f (from Lucia)
Lucia f *Lucy*

Lucilie f
Lucius m
Ludewig m *Ludwig, Louis*
Ludolf m
Ludwig m *Louis, Lewis*
Ludwiga f *Louisa*
Luischen f (dim. of Luise)
  Lou, Louie
Luise f
Lulu f
Luzie f *Lucy*
Lydia f

M

Margareta, Margarete f
  Margaret, Margery
Margot, Margret f (dim. of
  Margarete)
Maria f *Mary, Maria*
Mariannchen f (dim. of
  Marianne)
Marianne f *Mary Ann*
Marie f
Mariechen f (dim. of
  Marie) *Mary, Polly,
  Molly*
Marietta f
Marion f
Markus m
Martha f
Martin m
Mathilde f
Matthias m *Matthew*
Matz m (from Matthias)
  Mat
Max m (dim. of
  Maximilian)
Melania, Melanie f
Melitta f
Meta f *Peggy*
Michael m
Michel m *Mick, Mike*
Milli, Milly f
Mimi f (dim. of Emilie)
  Millie
Mitzi f (S. Ger. For Maria)
Monika f
Moritz m *Maurice*

N

Natalie f
Nelly f
Niklas, Nikolas m *Nick,
  Nicholas*

Nina f
Nora f (dim. of Eleonore,
  Leonora)

O

Oda f
Olga f
Oliver m
Oskar m
Oswald m
Oswin m
Otto m

P

Paul m
Paula f
Pauline f
Peter m
Philipp m *Philip, Phil*

R

Ralf m *Ralph*
Renata, Renate f
Richard m
Rita f
Robert m
Roger m
Roland m
Rolf m (from Rudolf)
Rosa f
Rosalie f
Rosalinde f
Röschen f (dim. of Rosa)
  Rosy, Rosie
Rose f
Rosemarie f
Rudi m (dim. of Rudolf)
Rüdiger m *Roger, Hodge*
Rudolf m *Rudolph, Ralph*
Ruth f

S

Samuel m
Sara(h) f
Siegfried m
Siegmund m
Sigrid f
Silvester m
Silvia f
Simon m
Sophia, Sophie f
Stefan, Steffen, Stephan m
  Stephen, Steve
Stine f (dim. of Christine)
  Chris(sie)
Susanna, Susanne f

Suschen, Suse f (dim. of
  Susanna) *Susy*
Sylvia f

T

Thea f (dim. of Theodora)
Thekla f
Theobald m
Theodor m
Theodora f
Therese, Theresa f
Thilde f
Thomas m
Thora f
Tilde f
Tilla f (dim. of Mathilde)
Tilo m
Tinchen, Tine f (dim. of
  Christine) *Tina*
Toni m & f (dim. of Anton
  & Antonia)
Trinchen, Trine f (dim. of
  Katharina) *Kate, Katie,
  Kitty*
Trude f (dim. of Gertrude)
  Gertie, Trudy
Trudel f

U

Udo m (from Ulrich)
Uli m (dim. of Ulrich)
Ulli f (dim. of Ulrike)
Ulrich m
Ulrike f
Ursel f (dim. of Ursula)
Ursula f
Ute f

V

Viktor m
Viktoria f

W

Walli m (dim. of Walter)
Walter, Walther m
Waltraud f
Wilfried m
Wilhelm m *William*
Wilhelmina, Wilhelmine f
Willem, Willi m *Will(y),
  Bill(y)* (dim. of
  Wilhelm)
Wilma f (dim. of
  Wilhelmina)
Wolf m
Wolfgang m

BERÜHMTE DEUTSCHEN u.a.

Adenauer, Konrad (1876−1967) Kanzler. Erster Kanzler der Bundesrepublik nach dem II. Weltkrieg; Mitglied der CDU.

Arnim, Achim von (1781−1831) Dichter. Er und Clemens Brentano kompilierten das wichtigste Volksliederbuch „Des Knaben Wunderhorn".

Barbarossa, Friedrich (1121−1190) Kaiser. „Barbarossa" war der italienische Spitzname von Kaiser Friedrich I. von Hohenstaufen und er bedeutet „Rotbart" auf deutsch.

Beethoven, Ludwig van (1776−1827) Komponist. Er komponierte Symphonien, Kammermusik und Sonaten; wurde taub.

Benz, Carl (1844−1929) Ingenieur. Er und Gottlieb Daimler, stellten den „Mercedes-Benz" Wagen her.

Bismarch, Otto von (1815−1898) Kanzler. Erster Kanzler des zweiten Reiches; „Der Eiserne Kanzler".

Bonaparte, Napoleon (1769−1821) Kaiser. Er war französischer Kaiser und regierte Preussen 1806−1815.

Brahms, Johannes (1833−1897) Komponist. Er spielte Klavier; komponierte Symphonien, Kammermusik, Lieder, Konzerte; „Das deutsche Requiem" ist sein berühmtestes Werk.

Brandt, Willy (1913−) Kanzler. Kanzler der BRD (1969−1974); Bürgermeister Westberlins 1957−1966; Mitglied der SPD.

Brecht, Bertolt (1898−1956) Dramatiker und Dichter. Er schrieb „Der Dreigroschenroman" mit „Mackie Messer" als Held.

Daimler, Gottlieb (1834−1900) Ingenieur und Erfinder. Er machte einen der ersten Wagen und das erste Motorrad; mit Karl Benz stellte er den „Mercedes", ein berühmtes Auto, her.

Diesel, Rudolf (1858−1913) technischer Ingenieur. Er erfand den Dieselmotor.

Dietrich, Marlene (1904−) Schauspielerin. Sie hat sehr schöne Beine; war eine Studentin Max Reinhards; spielte in Berliner Theatern und in Filmen; ihr berühmtester Film war „Der blaue Engel".

Dürer, Albrecht (1471−1528) Künstler. Sohn eines Goldschmieds; machte Porträte, Gemälde, Holzschnitte, Gravuren; zwei berühmte Gemälde: „Die vier apokalyptischen Reiter" und „Der Hase".

Ebert, Friedrich (1871−1925) Präsident. Erster Präsident Deutschlands und der Weimarer Republik 1919−1925; Mitglied der SPD. (Sein Sohn, auch Friedrich Ebert genannt, war der Bürgermeister Ostberlins [1948−1967]; Mitglied der SED.)

Einstein, Albert (1879−1955) Physiker. Im Alter von 26 Jahren entwickelte er die Relativitätstheorie; wanderte in 1933 nach Amerika aus.

Erhard, Ludwig (1897−) Kanzler. Kanzler der BRD 1963−66; Mitglied der CDU.

Frank, Anne (1929−1945) Jüdin. Sie versteckte sich mit ihrer Familie in einer Dachkammer in Amsterdam, Holland während des II. Weltkrieges; schrieb ein Tagebuch; starb in einem Konzentrationslager.

Freud, Sigmund (1858−1939) Psychoanalytiker. Er entwickelte die „Psychoanalytische Theorie", „die Sexualtheorie", „Traumdeutung", „Theorie des Ich und Es".

Göring (Goering), Hermann Wilhelm (1893−1946) Nazi-Kommandant. Nazi-Politiker; Kommandant der Luftwaffe des Dritten Reichs; beging Selbstmord im Gefängnis nach dem II. Weltkrieg.

Goethe, Johann Wolfgang von (1749−1832) Dichter, Dramatiker, Romanschriftsteller, Staatsmann, Politiker, Wissenschaftler. Er schrieb „Faust", „Götz von Berlichingen", „Die Leiden von des jungen Werther", u.a.

Grass, Günter (1927−) Dichter, Schriftsteller, Dramatiker. Seine berühmte Werke: „Die Blechtrommel", „Katz und Maus", „Hundejahre", u.a.

Grimm, Jakob (1785−1863) Schriftsteller, Sprachforscher. Mit seinem Bruder Wilhelm sammelte er Märchen für „Kinder- und Hausmärchen"; andere Werke: „Deutsches Wöterbuch", „Deutsche Grammatik".

Gutenberg, Johannes (1400−1468) Drucker. Er erfand die Druckpresse; druckte die Bibel.

Händel, Georg (1685−1759) Komponist. Er komponierte Oratorien, Opern, Kantaten; sein berühmtestes Werk: „Der Messias".

Hebbel, Friedrich (1813−1863) Dramatiker, Dichter. Seine berühmten Werke: „Judith", „Maria Magdalena", „Agnes Bernauer", „Die Nibelungen" (das Schauspiel), u.a.

Heine, Heinrich (1797−1856) Dichter, politischer Kritiker. Er schrieb Dichtungen, Reiseskizzen, Satiren; berühmte Werke: „Das Loreleilied", „Du bist wie eine Blume", u.a.

Heinemann, Gustav (1899−) Präsident. Dritter Präsident der Bundesrepublik nach dem II. Weltkrieg (1969−); Mitglied der SPD.

Hess, Rudolf (1894−) Nazi-Sekretär. Er half Hitler mit seinem Buch „Mein Kampf"; nun im Gefängnis.

Hindenburg, Paul von (1847−1934) Präsident. Feldherr im I. Weltkrieg; zweiter Präsident der Weimarer Republik; er nannte Hitler zum Kanzler.

Holbein, Hans (1497−1543). Historiker, Porträtmaler, Holzschneider. Er malte historische und religiöse Bilder.

Hummel, Berta (1909−1946) Zeichnerin. Ihr Name als Franziskanernonne war „Maria Innocentia"; ihr Spitzname war „Hümmelchen", der „kleines Dienchen" bedeutet; sie malte schöne Dorfkinder; gab W. Goebel Erlaubnis für Porzellanfiguren nach ihren Zeichnungen.

Humperdinck, Engelbert (1854−1921) Komponist. Seine berühmteste Oper ist „Hänsel und Gretel".

Karl der Grosse (768−814) Kaiser. Er vereinigte zum erstenmal alle westgermanischen Völker und wurde der Gründer des Heiligen Römischen Reiches Deutscher Nation; er heisst „Charlemagne" auf französisch.

Kant, Immanuel (1724−1804) Philosoph. Er schrieb „Kritik der reinen Vernunft".

Kepler, Johannes (1571−1630) Astronom, Mathematiker. Forscher der modernen Astronomie; erfand die Bewegungsgesetze der Planeten; machte ein astronomisches Fernrohr.

Kiesinger, Kurt Georg (1904−) Kanzler. Kanzler der Bundesrepublik 1966−1969; Mitglied der CDU.

Kirchoff, Gustav (1824−1887) Physiker. Er und Bunsen erfanden eine Methode der Spektralanalyse.

Klee, Paul (1879−1940) Maler. Ein Schweizer; Professor in Deutschland und Mitglied des Bauhauses; malte abstrakte Gemälde.

Leibniz, Gottfried Wilhelm von (1646−1716) Philosoph, Mathematiker. Entwickelte Infinitesimalrechnung; gründete die Berliner Wissenschaftsakademie.

Lochner, Stephan (−1451) Maler. Er malte das Dombild im Kölner Dom.

Luther, Martin (1483−1546) Mönch. Gründer der Reformation; Philosophieprofessor in Wittenberg; übersetzte die Bibel ins Volksdeutsche; schrieb Kirchenlieder.

Mann, Thomas (1875−1955) Romanschriftsteller. Er war gegen die Nazis in seinen politischen Ideen; schrieb „Buddenbrooks", „Tonio Kröger", „Doktor Faustus"; seit 1933 amerikanischer Bürger.

Marcks, Gerhard (1889−1981) Bildhauer. Er schuf seine Werke aus Bronze, Stein und Holz.

Marx, Karl (1818−1883). Philosoph, Wirtschaftler, sozialistischer Führer. Er und Friedrich Engels schrieben „Das kommunistische Manifest"

Mozart, Wolfgang Amadeus (1756−1791) Komponist. Er komponierte die berühmte Oper „Don Giovanni".

Napoleon (see Bonaparte, Napoleon).

Nietzsche, Friedrich (1844−1900) Philosoph. Er war gegen das Christentum, gegen die Masse, für den starken Führer, für den „Übermenschen" und für den Krieg.

Opel, Adam (1837−1895) Fabrikant. Er machte zuerst Nähmaschinen, dann Fahrräder, dann baute er eine Autofabrik; er verkaufte seine Autofabrik zu General Motors; das Auto „Opel" ist nach ihm genannt.

Porsche, Ferdinand (1875−1951) Konstrukteur. Er war zuerst Autorennfahrer, dann Erfinder der Sportautos und Rennautos; Hersteller des „Porsche" Wagens; konstruierte den Volkswagen auf Hitlers Befehl.

Rommel, Erwin (1891−1944) Feldherr. Er war Feldherr im II. Weltkrieg; hoher Beamter der SS; Kommandant des Afrikakorps; komplottierte gegen Hitler.

Röntgen, Wilhelm Konrad (1845−1923) Physiker. Er erfand die X-Strahlen, auch „Röntgenstrahlen" genannt; gewann den ersten Nobelpreis in Physik.

Sachs, Hans (1494—1576) Meistersinger. Er schrieb 4275 Meisterlieder, 208 Schauspiele, 1558 Geschichte; er war auf Luthers Seite in der Reformation; wohnte in Nürnberg.

Schiller, Johann Friedrich von (1795—1805) Dramatiker, Dichter, Historiker. Seine berühmten Werke; die Schauspiele „Wilhelm Tell", „Maria Stuart", "Wallenstein", "Die Jungfrau von Orleans", „Don Carlos", „Die Rauber", u.a.

Schlegel, August Wilhelm von (1767—1845) Dichter, literarischer Kritiker. Theoretiker der Romantik; übersetzte Shakespeare, Dante, Cervantes ins Deutsche.

Schubert, Frans Peter (1797—1828) Komponist. Ein Österreicher; komponierte Opern, Märsche, Symphonien, Messen, Lieder; seine berühmten Lieder: „Erlkönig", „Der Wanderer".

Schumann, Robert (1810—1856) Komponist. Er komponierte Symphonien, Ouvertüren, Quartette und Lieder; ein Werk heisst „Goethes Faust".

Schweitzer, Albert (1875—1965) Arzt, Wissenschaftler, Musiker, Missionar. Er gründete ein Krankenhaus in Afrika.

Strauss, Richard (1864—1949) Komponist, Kapellmeister. Er komponierte Opern, musikalische Dictungen, viele Lieder; berühmte Werke: „Don Juan", „Don Quixote", „Till Eulenspiegels lustige Streiche", die Opern „Elertra" und „Der Rosenkavalier".

Trapp, Maria Augusta von (1905—) Musiker, Schriftsteller. Osterreicherin; entfloh von den Nazis mit ihrer Familie nach den USA; Mutter der „Trapp Family Singers"; Hauptgestalt in „The Sound of Music"; schrieb Bücher über ihre Erlebnisse.

Ulbricht, Walter (1893—1973) Politiker. Präsident des Staatsrates der DDR, 1960—71; Mitglied der SED; baute die Mauer zwischen Ost- und Westberlin (1961).

Wagner, Richard (1813—1883) Komponist, Dichter. Seine berühmten Opern: „Tannhäuser", „Lohengrin", „Tristan und Isolde", „Die Meistersinger", "Parsifal", „Der Ring des Nibelungen".

Zeppelin, Ferdinand von (1838—1917) Soldat, Flieger. Er erfand das lenkbare Luftschiff und nannte es „Zeppelin".

Berühmte Gestalten aus Märchen, Erzahlungen und Fabeln

Baron Münchhausen (oder Freiherr von Müchhausen) Ein tapferer Soldat, ein guter Jäger, ein grosser Wanderer und ein feiner Erzähler seiner Abenteuer. (Er lebte wirklich.)

Hänsel und Gretel Berühmtes Geschwisterpaar aus einem Grimmärchen.

Max und Moritz Zwei böse Jungen; machten viele böse Strieiche; aus einem Buch von Wilhelm Busch.

Siegfried Held des Nibelungenlieds; berühmt als Drachenschläger.

Till Eulenspiegel Er wanderte durch das ganze Land, um die Menschen durch seine dummen Streiche zu ärgern.

DEUTSCHE ABKÜRZUNGEN

(German Abbreviations)

Abf. Abfahrt; *departure*

Abk. Abkürzung; *abbreviation*

Abs. Absender; *sender, shipper*

Abt. Abteilung; *Department, Dept.*

a.d. an der (before names of rivers)

a./M. am Main, z.B. Frankfurt a./M.; *on the Main River*

A.-G. Aktiengesellschaft; *joint-stock company*

Ank. Ankunft; *arrival*

a./O. an der Oder, z.B. Frankfurt a./O.; *on the Oder River*

APO Ausserparlamentarische Opposition (term applied to anti-government radicals)

Bd. Band; *Volume*, pl. **Bde.** Bände

BRD Bundesrepublik Deutschland; *West Germany*

b.w. bitte wenden; *turn page*

CDU Christlich-Demokratische Union (leading German party)

Chr. Christus; *Christ* u. **Chr.** nach Christus; *A.D.* v. **Chr.** vor Christus; *B.C.*

Co., Cie Companie, Kompanie; *Company, Co.*

d.Ä. der Ältere; *Senior, Sr.*

DDR Deutsche Demokratische Republik; *East Germany*

d.h. das heisst; *that is, i.e.*

d.J. der Jüngere; *Junior, Jr.*

DM Deutsche Mark

Dr. Doktor; *Doctor, Dr.*

ev. Evangelium, evangelisch; *protestant, Lutheran*

EWG Europäische Wirtschaftsgemeinschaft; *Common Market*

Frh. Freiherr; *Baron*

Forts. folgt Fortsetzung folgt; *continued, cont.*

hd. hochdeutsch; *high German*

HO Handelsorganisation; *trade organization*

Ing. Ingeneur; *Engineer*

Jb. Jahrbuch; *yearbook*

Jh. Jahrhundert; *century*

kath. katholisch; *catholic*

mm Millimeter

Nm nachmittags; *afternoon, p.m.*

NO Nordost (*northeast direction*), Nordosten (*northeast area*)

Nr. Nummer; *Number, No.*

NW Nordwest (*northwest direction*), Nordwesten (*northwest area*)

o.T. ob der Tauber, z.B. Rothenburg o.T.; *above the Tauber River*

Pfd Pfund; *pound, lb.*

P.S. 1.) post scriptus; *an afterthought* P.S. 2.) Pferdestärke *horsepower, H.P.*

S. Seite; *page, p.*

SED Sozialistische Einheitspartei Deutschlands (an East German party)

s.o. siehe oben; *see above*

Std. Stunde; *hour, period*

Str. Strasse; *street, st.*

SPD Sozialdemokratische Partei Deutschlands; *Social Democrat Party*

s.S. siehe Seite; *see page*

SS Schutzstaffel (Hitler's "*Black Shirts*")

u.a. 1.) unter anderem; *among others* 2.) und andere; *and others, et al.*

U-bahn Untergrundbahn; *subway*

u.M. unter dem Meeresspiegel; *below sea level*

usw. und so weiter; *and so on, etc.*

Vm. vormittags; *morning a.m.*

VW Volkswagen

v.u. von unten; *from below*

z.B. zum Beispiel; *for example, e.g.*

IV. Anhang

FEST- UND BRAUCHKALENDER

6. Januar	Fest der Heiligen Drei Könige
Februar	Fasching, Karneval, Fassenacht, d.h. die Tage vor der Fastenzeit; Menschen tragen Masken, Kostüme; sie tanzen, singen
Ende März oder Anfang April	Ostersonntag; die Eltern kaufen Ostereier für die Kinder
30. April	Walpurgisnacht im Harz; zur Mitternacht reiten alte Hexen auf Besen
1. Mai	Maifest; Leute tanzen um dem Baum
Anfang Jumi	Pfingsten (Pentecost)
Juni	Frühlingsfeste
Juli	Festspiele in alten südlichen Städten
August	Ferienmonat
September	Weinfeste
Oktober	Almabtrieb in Süddeutschland; das Vieh kommt von den Bergen in das Tal Oktoberfest mit Tanzen, Singen, Essen und Trinken
November	Erntedankfest; Leute danken für die Ernte
6. Dezember	Nikolaustag
25. Dezember	Nikolaustag
25. Dezember	Weihnachten
31. Dezember	Silvesterabend

ANSWER KEY

Vornamen (page 2)
Down: 1 Karol; 2 Abt.; 3 ja; 4 Otto; 5 Heiner; 6 Nel;
7 Anton; 8 Erwin; 9 laut; 10 Ala; 16 Liese; 19 Isa; 20 Li;
21 Gerda; 23 CDU; 25 du; 26 Lorenz; 27 Karl; 29 Dietrich;
30 Gretel; 31 Richard; 32 Alex; 34 bat; 35 R.N. (Richard
Nixon); 36 Tilde; 39 F.S (Friedrich Schiller); 40 Eck(hard);
42 Leo; 43 Eva; 46 W.M. (Wolfgang Amadeus Mozart).
Across: 3 Johanna; 8 Ella; 11 Beate; 12 Nora; 13 rot;
14 Till; 15 W.U. (Walter Ulbricht); 16 Leon; 17 Moritz;
18 Lili; 22 nun; 24 Siegfried; 26 Lud(wig); 27 K.A. (Konrad
Adenauer); 28 Rudi; 30 Gerhard; 33 Adelbert; 37 Lieschen;
38 Anni; 39 Fritz; 40 Ede; 41 Al; 43 Elsi; 44 R.D. (Rudolf
Diesel); 45 Lore; 47 K.K. (Kurt Kiesinger); 48 Dora;
49 Thomas.

2. Farben (page 4)
Down: 1 bunt; 2 J.K. (Johannes Kepler); 3 gelb; 4 so;
5 orange; 8 Rad; 9 rosa; 11 malen; 12 (Lieblings)farbe;
15 Heil; 16 zur; 20 grau; 21 übe; 22 ob; 23 Na.
Across: 2 J.G. (Jakob Grimm); 4 so; 6 dunkel(braun); 7 Ort;
9 rote; 10 braunem; 13 an; 14 schwarz; 17 hell; 18 Es;
19 silber; 20 grün; 23 nahe; 24 blau.

3. Kleider (page 6)
Down: 2 A.-G.; 3 Mütze; 4 Er; 5 Bluse; 6 Dirndl; 8 Tag;
9 Kleid; 10 Tasche; 14 Hand(schuhe); 16 Brille; 18 Socken;
20 (Minni-)röcke; 21 F.P. (Ferdinand Porsche); 3 Sie.
Across: 1 Dame; 5 Bade(hosen); 7 Gürtel; 11 (Armband)uhr;
12 Anzug; 13 nie; 14 Hemd; 15 C.B. (Carl Benz); 17 Ring;
19 Er; 21 froh; 22 Schlips; 24 Akt; 25 bei; 26 Regens.

4. Körperteile (page 8)
Down: 1 Bart; 2 Wo; 4 Lippen; 5 Ohr; 6 Nase; 9 wohnen
10 Kinn; 11 (Sonnen)öl; 14 Gesicht; 16 Ei; 19 Haar;
20 Die; 22 Rücken; 24; Backen; 25 Alp; 27 gut;
29 Wange; 31 Füsse; 32 auf; 35 uns; 36 da; 37 in;
38 W.R. (Wilhelm Röntgen).
Across: 1 b.w.; 3 Ellbogen; 7 A.O. (Adam Opel); 8 Arm;
10 Körper; 12 P.S.; 13 Teil; 15 Geh; 17 Beine; 18 Ein;
19 Hand; 21 Stirn; 23 im; 25 an; 26 Auge; 28 (Bier)bauch;
30 Kopf; 32 an; 33 Kniee; 34 Mund; 39 als; 40 Finger;
41 Brust.

5. Das Wetter (page 10)

Down: 1 S.; 3 íhm; 4 dir; 5 Wolke; 6 F.N. (Friedrich Nietzsche); 7 herrlich; 8 Donner; 10 Saal; 11 eiskalt; 14 les(bar); 16 so; 18 Himmel; 22 Winter; 23 Da; 25 Klima; 29 hagelt; 30 schon; 31 Hai(fisch); 32 man; 34 mir; 35 Sag; 36 nee.

Across: 2 Wind; 6 F.H. (Friedrich Hebbel); 9 Sonne; 10 Sommer; 12 an; 13 klar; 15 ans; 17 Schnee; 19 Leo; 20 Ski; 21 warm; 24 Mein; 25 kalt; 26 Blitz; 27 Eis; 28 d.h.; 30 Schirm; 33 arg; 35 scheinen; 37 Regen; 38 Herbst.

6. Die Familie (page 12)

Down: 2 Herren; 4 arme; 5 Mutter; 6 nur; 7 Alle; 8 Kind; 10 sage; 11 Eltern; 12 Frauen; 15 Kuh; 17 Schwager; 18 Vater; 19 seine; 20 Nichten; 22 alt; 23 Neffe; 26 reich; 30 A.D. (Albrecht Dürer); 32 Ja; 33 Er.

Across: 1 H.H. (Heinrich Heine); 3 Oma; 5. Mann; 7 Am; 9 Grossmutter; 12 fein; 13 Vetter; 14 Enkel; 16 auf; 17 so; 19 Sohn; 21 Tanten; 24 nett; 25 Schwester; 27 für; 28 Er; 29 Tag; 31 Kusine; 32 Jeder; 33 ev.; 34 Plan; 35 Tochter.

7. Zahlen (page 14)

Down: 1 Zehn; 2 zwanzig; 3 L.E. (Ludwig Erhard); 4 sieben; 5 drei; 6 zähle; 8 zu; 9 da; 11 es; 12 hundert; 16 Sekunde; 18 lang; 20 kostet; 22 elf(tausend); 23 J.B. (Johannes Brahms); 25 eine; 26 Acht; 28 so.

Across: 2 zwölf; 6 Zwei; 7 vier; 8 Zahl; 10 Neun; 12 (andert)halb; 13 L.B. (Ludwig von Beethoven); 14 z.B.; 15 Er; 17 und; 19 wenig; 21 na; 24 Geburtstag; 27 fünf; 28 Sechs; 29 Wieviel; 30 tot.

8. Die Uhr und der Tag (page 16)

Down: 1 W.B. (Willi Brandt); 2 vor; 3 es; 4 den; 6 (Schall)platten; 7 Tag; 8 gestern; 10 morgen; 12 Ihr; 13 genug; 14 bis; 15 Sekunde; 17 viertel; 18 Wie; 23 Abende; 24 Zeit; 25 Nacht; 26 ur(alt); 29 um; 30 Namen; 33 lind; 35 neun; 37 ist; 38 los; 41 Am; 42 be(antworte).

Across: 1 Wieviel; 4 d.J.; 5 spät; 8 ge(wohnt); 9 warm; 11 wenig; 16 heute; 17 vorgestern; 19 sei; 20 ehe; 21 Uhr; 22 ganze; 25 nur; 27 nun; 28 nun; 31 Art; 32 Male; 34 in; 36 viele; 39 Minute; 40 halb; 43 end(lich); 44 T.M. (Thomas Mann); 45 (hund)ert; 46 Stunde; 47 un(gefähr).

9. Der Kalender (page 18)

Down: 1 Januar; 2 Mein; 3 (zwei)te; 4 Woche; 5 s.o.;
6 Uhu; 7 Mai; 8 Spur; 11 Juli; 12 neu; 13 Sonnabend;
14 (Jahres)zeit; 17 März; 19 am; 20 Februar; 22 Datum;
23 April; 24 Jh.; 25 Montag; 27 August; 29 frei; 31 eins;
33 Tee; 37 in.
Across: 2 Mittwoch; 5 Sturm; 8 so; 9 nein; 10 acht;
11 Juni; 14 zu; 15 A.F. (Anne Frank); 16 November; 18 Lauf;
21 Im; 22 Donnerstag(abend); 24 Jb.; 26 Jahr; 28 Oktober;
30 Freitag; 32 Monat; 34 Eil(post); 35 Uhr; 36 In; 38 gute;
39 (sieb)ten; 40 Sonntag.

10. Das Klassenzimmer (page 20)

Down: 1 Landkarte; 2 es; 4 essen; 5 Stock; 6 ehe;
7 Machen; 9 Pult; 12 Nein; 15 an; 16 eng; 18 Ulli;
20 Klaus; 22 Um; 24 Kalender; 26 elf; 27 (Radier)gummi;
29 einmal; 31 Tafeln; 32 im; 33 Tal; 36 Heft; 37 Ecke;
38 (Lehr)buch; 43 (vier)te.
Across: 1 Leb(wohl); 3 Fenster; 8 Was; 10 Da;
11 Fussboden; 13 Bd.; 14 Kasten; 17 Kuli; 19 man; 21 nun;
23 Stück; 25 Papier; 28 du; 30 Bleistift; 34 am; 35 Nähen;
38 Blei; 39 Decke; 40 auf; 41 Licht; 44 Tür; 45 Ein;
46 Hier.

11. Klassenausdrücke (page 22)

Down: 1 Ihre; 2 nie, 3 sehe; 5 usw.; 7 Antwork; 8 gar;
9 in; 10 Guten; 15 Bus; 16 hören; 18 Regel; 20 des;
21 Prüfung; 23 F.S. (Frans Schubert); 24 Segel(boot); 26 nichts;
29 Schreiben; 31 an; 33 richtige; 35 Steig; 36 schwer;
37 wahres; 40 Na; 41 lies; 43 Ruhe; 45 Nie(mand);
50 F.E. (Friedrich Ebert).
Across: 1 ins; 4 du; 6 langweilig; 11 Hier; 12 Nu; 13 Reh;
14 Wörterbuch; 17 Erd(kugel); 19 Öde; 22 Professoren;
25 Fragen; 27 R.S. (Richard Strauss); 28 es; 29 Sagen;
30 falsche; 32 Nr.; 34 tun; 35 Schule; 36 Satz; 38 ge(tan);
39 einfach; 42 Chr.; 44 in; 46 Aufgabe; 47 frei; 48 Ei(rund);
49 es; 51 sehr; 52 (zwei)te; 53 Danke; 54 Sie.

12. Im Hause (page 24)

Down: 2 an; 3 (Wasch)maschine; 4 P.H. (Paul von Hindenburg);
5 VW; 6 Stock; 7 Schrank; 10 Da; 11 sehe; 13 Bett;
14 Telefon; 15 Teppich; 18 Bade(zimmer); 19 Er; 22 Es;
24 (Dach)stube; 25 krumm; 26 Engel; 27 (Tanz)saal;
31 P.K. (Paul Klee); 33 Er; 34 F.B. (Friedrich Barbarossa).

Across: 1 Lampe; 5 Vase; 6 So; 8 nah; 9 NW; 12 Aschenbecher; 14 Toilette; 15 tun; 16 (zwei)te; 17 lieber; 20 Treppe; 21 fand; 23 Ess(zimmer): 25 Küche; 28 Nanu; 29 aus; 30 H.G. (Hermann Göring); 32 be(setzt); 35 Keller; 36 Möbel.

13. Mahlzeiten (page 26)

Down: 1 kommen; 2 Gast; 3 Abend(essen); 4 Ser(viette); 5 Frühstück; 6 J.G. (Johann Wolfgang von Goethe); 10 Eis; 11 satt; 13 Teller; 15 gab; 17 Ha; 18 G.H. (Georg Händel); 19 Essen; 21 Guten; 22 (Tisch)decke; 23 Beim; 25 uns; 27 Ab; 28 Es.

Across: 2. Glas; 7 be(stelle); 8 Krug; 9 Messers; 12 mit; 14 Es; 15 G.D. (Gottlieb Daimler); 16 Tasse; 17 Ha; 18 Gabel; 20 Küh(schrank); 21 G.H. (Gustav Heinemann); 23 Besteck; 24 Tee; 26 (Kaffee)kanne; 29 nimm; 30 Leb(wohl); 31 s.S.

14. Gesundheit und Krankheit (page 28)

Down: 1 Tablette; 2 Haut; 3 wohl; 4 Herz(schlag); 5 (Magen)schmerzen; 6 leer; 10 Es; 12 seh; 13 APO; 14 Tropfen; 17 meins; 18 tut; 19 Fieber; 22 Ha; 25 I.K. (Immanuel Kant); 27 Post; 28 Hals(weh); 30 Mir; 32 Tee; 33 Ein.

Across: 3 Weh; 7 Ecke; 8 Bauch; 9 Untersuchungszimmer; 11 Es; 15 es; 16 Temperatur; 20 Theo; 21 Apotheke; 23 in; 24 an; 26 Sprech(zimmer); 29 K.M. (Karl Marx); 31 Alter; 34 so; 35 Ei; 36 Arzt; 37 Husten.

15. Die Schule (page 30)

Down: 1. Chine(sisch); 2 man; 3 Ein; 4 Biologie; 5 Vm; 6 Erziehung; 9 G.L. (Gottfried Leibniz); 11 Wo; 13 Sohl(leder); 14 Armes; 16 (Natur)wissenschaft; 17 Vorlesung; 18 Physik; 19 See; 20 Pah; 22 Mittelschule; 27 K.O.; 28 Buch(staben); 29 hat; 32 Sn; 33 ge(lesen); 36 durch; 37 (Erd)kunde; 38 Deutsch; 39 Der; 40 Fremd(sprachen); 41 Am; 43 tot; 46 per; 47 L.E. (Ludwig Erhard); 48 Ing.; 51 Er.

Across: 1 Chemie; 4 Bummeln; 7 in; 8 Im; 10 Iwan; 12 so; 13 Sozial(wissenschaft); 15 NO; 18 Philosophie; 21 mm; 23 R.H. (Rudolf Hess); 24 Regal; 25 Ei; 26 leih; 27 Kunst(stunde); 28 bestehe; 30 von; 31 nass; 34 be(stehen); 35 Stunde; 39 Duzens; 40 Fach; 42 (Kinder)garten; 44 arm; 45 Cord; 46 Pflicht(fach); 49 Eis(laufen); 50 mieten; 52 hd.; 53 Geographie.

16. Sport und Vergnügen (page 32)

Down: 2 klar; 3 gar; 4 oma; 5 Fuss(ball); 7 (Wellen)reiten; 9 Trompete; 11 Motorrad; 13 Pferd(reiten); 16 singen; 17 malen; 19 Bade(anstalt); 20 Sinn; 21 nähen; 24 Ei; 25 ge(sehen); 27 Drachen; 28 laufen; 29 so; 30 Wien; 32 ein; 33 Ecke; 35 sah; 36 Not; 38 das; 41 (zwei)te.

Across: 1 Ski(fahren); 3 Golf; 6 Er; 8 kam; 10 Am; 12 Raus; 13 pro; 14 (Lieblings)sport; 15 Tisch(tennis); 18 Rennwagen; 19 Base(bell); 20 segeln; 22 Rad; 23 nein; 26 in; 27 dreh; 28 lesen; 31 jagen; 34 fischen; 37 Hand(ballspielen); 39 Ak(kordeon); 40 Note; 42 näher; 43 Tennis.

17. Tiere (page 34)

Down: 2 Kaninchen; 3 Ein; 4 Schwein; 5 Reh; 6 bis; 8 oi; 11 Zebras; 13 Der; 14 Hahn; 15 Uhu; 19 Igel; 21 Nun; 22 im; 24 Schaf; 25 und; 26 Eule; 27 Wolf; 29 Sau; 30 Kuh.

Across: 1 gack; 3 Eisbär; 6 Bienen; 7 HO; 9 Wie; 10 Schnecke; 12 ge(sehen); 13 Dachshund; 16 Ah; 17 Er; 18 rein; 20 Huhn; 22 in; 23 uns; 24 Sie; 28 H.S. (Hans Sachs); 30 Känguroo; 31 A.A. (Achim von Arnim); 32 Fuchs; 33 See(hund).

18. Natur (page 36)

Down: 1 Zweig; 2 Weltraum; 3 Sand; 4 eben; 5 Feuer; 6 leer; 7 Ein; 14 Same; 15 Tanne; 17 Erde; 18 Hügel; 19 Bach; 20 Ufer; 21 Er; 23 Olgas; 27 Höhle; 29 neu; 30 Berg; 32 Inseln; 33 den; 34 Teich; 35 A.S. (Albert Schweitzer); 36 Tulpe; 37 Weg; 38 Wald; 42 He.

Across: 2 Wasserfälle; 8 wie; 9 Ei; 10 Linde; 11 Ulmen; 12 ist; 13 Gras; 16 Apfel(baum); 18 Heu; 19 Bäumen; 22 Mond; 24 fern; 25 G.G. (Günter Grass); 26 Eiche; 28 hören; 30 Baum; 31 Ei; 33 des; 34 Tal; 36 tun; 37 Wer; 38 Wiese; 39 eng; 40 Klee; 41 Loch; 43 Feld; 44 Hecke.

19. Obst und Gemüse (page 38)

Down: 2 kam; 4 Himbeere; 5 iss; 6 Das; 7 Spinat; 9 Spargel; 11 Tomate; 13 Lob; 14 es; 18 orange; 20 Beamte; 22 Nuss; 25 real; 27 ge(gessen); 28 Ente; 32 BRD; 34 geh; 35 Trauben; 37 Rettig; 38 dir; 40 F.Z (Ferdinand Zeppelin); 44 Oder; 45 Ecke; 47 süss; 48 ob; 49 v.u.

Across: 1 OK; 3 mehlig; 8 A.S. (August Schlegel); 10 hat;
12 Pampelmuse; 15 so; 16 0b; 17 so; 19 N.B. (Napoleon
Bonapart); 21 Rübe; 23 A.E. (Albert Einstein); 24 uralt;
26 Tage; 28 Erbsen; 29 (Wasser)melone; 30 sag; 31 M.T.
(Maria von Trapp); 33 legt; 36 Erdbeere; 39 Er; 41 Ei;
42 Ha; 43 Zitrone; 46 Ast; 48 Olive; 50 Kirsche; 51 Gurken.

20. Weihnachten (page 40)

Down: 1 bin; 3 Engel; 4 Socke; 6 Tür; 7 lieber; 8 es;
9 Schafe; 12 Nikolaus; 13 um; 14 Stern; 18 Welt;
19 Christ(baum); 22 um; 23 Papi; 25 M.L. (Martin Luther);
26 Stroh; 27 Zwerge; 28 Glas(kugeln); 29 Gebäck; 32 eilen;
34 Stall; 37 Irma; 40 ob; 41 Ro(bert); 43 Al(bert).
Across: 2 Messe; 5 Gott; 7 (Weihnachts)lied; 10 ins; 11 J.G.
(Johannes Gutenberg); 12 nur; 15 Kuh; 16 Im; 17 Beutel;
20 Frohe; 21 Ruprecht; 24 Man; 26 Spielzeug; 29 Geist;
30 S.L. (Stephan Lochner); 31 Rute; 33 As; 35 Bravo;
36 reist; 38 heilig; 39 (Kirchen)chor; 42 Mal; 44 Bonbons;
45 (Schnee)ball.

21. Reisen (page 42)

Down: 1 (Park)platz; 2 Stock; 4 Kamera; 5 Tor;
7 (Omni)bus; 8 Dorf; 9 Schild; 13 E.H. (Engelbert
Humperdinck); 14 Taxi; 19 (Reise)führer; 20 Strassen(bahn);
22 Mal; 24 Markt; 25 Abreise; 26 Bahn(hof); 27 Fachwerk;
28 unten; 29 (Eil)zug; 33 Nahe; 34 Er; 36 im;
37 Fahr(schein); 40 weh; 41 Tag; 42 (zwei)te;
43 ge(sehen); 44 be(suche); 45 du; 46 in; 49 U.
Across: 1 Pässe; 3 Pakete; 6 gab; 10 Foto; 11 Vm.;
12 rechts; 15 Es; 16 H.H. (Hans Holbein); 17 zu; 18 Koffer;
21 Ampel; 23 im; 25 Autobahn; 27 Flug(platz); 29 zur;
30 hie; 31 Eisen(bahn); 32 Richtung; 35 (Bürger)steig;
38 näher; 39 Nm.; 40 (Last)wagen; 43 geh; 45 Dia;
47 Verkehr; 48 Kreuzung.

22. Menschen (page 44)

Down: 1 Polizist; 2 See(mann)
3 Dieb; 5 Hörer; 6 (Kranken)schwestern; 8 Am; 9 Braut;

13 (Feld)herr; 15 Er; 17 König; 18 (Bus)fahrer;
22 (Brief)träger; 23 gar; 25 find; 26 (arbeit)et; 27 Ein;
28 Bus; 29 eil(fertiger); 32 (S.F. Sigmund Freud).
Across: 1 Präsident; 4 Zahn(arzt); 7 Laie; 9 Bäcker; 10 im;
11 Ober; 12 Es; 14 (Feuer)wehr(mann); 16 Verkäufer; 19 so;
20 u.a.; 21 Prinz; 24 Lehrer; 25 (Schornstein)feger; 28 breit;
30 Neger; 31 in; 33 Soldat; 34 Pfarrer.

23. Gebäude (page 46)

Down: 1. Das; 3 Am; 4 Geschäft; 6 Ed; 7 Laden;
10 (Schönheits)salon; 12 Herberge; 13 Uni; 14 So; 16 des;
18 flach; 19 Scheunen; 21 Wolken(kratzer); 22 um; 25 Tabak;
26 Rathaus; 28 Kirche; 30 Rabe; 31 Kauf(haus); 35 ins;
37 be(komme); 38 an.
Across: 2 Garage; 5 Hotel; 8 Da; 9 SS; 11 Gasthaus;
15 a./O.; 17 Note; 18 Fleischerei; 20 Los; 21 W.U. (Walter
Ulbricht); 23 an; 24 Dom; 25 Theater; 27 G.K. (Gustav
Kirchoff); 29 Bank; 30 Reise(büro); 32 Da; 33 nah;
34 Kino; 36 Buch(handlung); 37 Bau; 39 Frisier(salon)
40 Lebens(mittelgeschäft).

24. Geographie (page 48)

Down: 1 Ham(burg); 2 Neckar; 3 Oder; 4 Rostock; 5 B.H.
(Berta Hummel); 6 München; 7 neun; 10 Dänemark;
14 EWG; 15 Britannien; 17 R.I.; 18 Köln; 20 Nieder(lande);
23 Elbe; 25 Er; 26 ob; 28 nur; 29 be(steht);
31 Schwarz(wald); 32 Neisse; 33 Bug; 34 ab; 37 am;
38 Bonn; 40 los(fahren); 41 Bern; 44 nah; 47 Es.
Across: 1 Hannover; 5 Bremen; 8 mache; 9 Ost(see);
10 Donau; 11 R.S. (Robert Schumann); 12 Prag; 13 Polen;
16 Weser; 19 Frank(reich); 21 G.M. (Gerhard Marcks); 22 nie;
24 Öde; 27 Rothenburg; 29 B.B. (Bertolt Brecht); 30 du;
31 (Boden)see; 32 Nünberg; 34 ae; 35 nur; 36 nach;
39 billig; 42 so; 43 Wein; 45 Lahn; 46 Essen 48 bin;
49 Harz.